Fe
Valiente

Fe Valiente

LECCIONES VIVAS DE HÉROES DEL ANTIGUO TESTAMENTO

Ed Hindson

B&H
Español
Nashville, Tennessee

DEDICADO A

Gleason Archer, Ken Barker, John Davis,
Walter Kaiser y John Whitcomb,
quienes me enseñaron a amar
el Antiguo Testamento

ÍNDICE

Índice

Prefacio

¡PROMESAS! ¡PROMESAS! Las esperanzas y los sueños se tejen con promesas. Estas alientan el corazón y levantan el alma. Nos ayudan a seguir adelante cuando hay piedras en el camino. Además, expresan los compromisos más profundos de nuestra vida. Y nos recuerdan la promesa suprema —la promesa de Dios— que transforma a personas comunes y corrientes en «hijos de la promesa».

La promesa es una expresión del Dios que prometió, y que está decidido a extender Su gracia y Su poder a todos los que confían en Él. La Biblia la llama Su «santa promesa» (Sal. 105:42) y a los que creen en ella, los denomina «hijos por la promesa» (Gál. 4:28).

Este libro estudia la promesa y la vida de las personas que transforma. Es la historia increíble de encuentros dinámicos con el poder de Dios: el poder que transformó a hombres comunes y corrientes. Camina con ellos por las páginas de la Escritura. Experimenta la obra de Dios en sus vidas y descubre cómo puede transformar también tu vida.

Este estudio se concentra en la vida de los «héroes hebreos» del Antiguo Testamento. Cada uno de ellos conoció a Dios en forma personal, creyó en Sus promesas y fue cambiado para siempre mediante este encuentro con Aquél que prometió.

En los últimos 30 años, he enseñado el Antiguo Testamento a más de 50 000 estudiantes universitarios. Mi objetivo siempre ha sido darle vida al Antiguo Testamento. Quería que mis alumnos vieran a estos personajes bíblicos como personas reales: hombres y mujeres con esperanzas y sueños, victorias y fracasos, altibajos, y momentos buenos y malos. Siempre se trata de personas de fe, que se aferraron a la promesa de Dios y no la soltaron, y que descubrieron que el Señor era la realidad última de la vida misma. Ha sido emocionante ver cómo los estudiantes se vieron desafiados por estas grandes promesas, y crecieron en la gracia de Dios y en el poder de Su Espíritu.

Todos tenemos mucho que aprender. Cuanto más vivas, más comprenderás que la vida es una travesía de fe. Martín Lutero afirmó: «Todavía no hemos llegado a la meta, pero nos vamos acercando. El proceso aún no ha terminado. Esta no es la meta, sino el camino».

En especial, quiero agradecer a mi esposa, Donna, por su amor, su aliento y su paciencia, y a mi hija Christy Hindson Murphy, por su asistencia editorial. Gracias también a la Sra. Emily Boothe, mi asistente administrativa, cuya devoción y persistencia llevaron este proyecto a su culminación. ¡Gloria a Dios!

Ed Hindson
Universidad Liberty
Lynchburg, Virginia
Estados Unidos

«*Fiel es el S*ENOR *a su palabra...*
*El S*ENOR *está cerca de quienes lo invocan...*».

(SALMO 145:13,18)

«*La fe es la garantía de lo que se espera,*
la certeza de lo que no se ve».

(HEBREOS 11:1)

Introducción

L a promesa ha estado allí desde el principio. Nació en el corazón de Dios y crece en el de las personas. Es tan real como el aire que respiramos y la vida que vivimos. Es la fuerza más potente de la Tierra, y la demostración de la Persona más poderosa del universo: el Dios que prometió.

La promesa comenzó en la eternidad. Cuando Dios previó el desastre que harían los humanos, decidió hacer algo para demostrar Su poder y Su gracia. Allí comenzó la promesa y resonó a través del jardín del Edén, donde se perdió el paraíso. Dios prometió: «Tu simiente aplastará la cabeza de la serpiente». Así comenzó el proceso del cumplimiento de la promesa.

Al principio del Génesis, cuando los hombres le dieron la espalda a Dios, Él respondió con juicio; y el diluvio los borró de la faz de la Tierra. No obstante, Noé halló gracia y se salvó. Después, la promesa surgió en forma de «pacto»: un acuerdo entre Dios y el hombre. El Señor les declaró a Noé y a toda la humanidad: «Yo establezco mi pacto con ustedes, con sus descendientes» (Gén. 9:9).

Pero la gente siguió rebelándose. Vino más juicio, y la humanidad fue esparcida por toda la Tierra. Ya que multitudes se alejaron de Él, Dios también les dio la espalda. Entonces, alrededor de 2100 a.C., Dios comenzó a reunir a Su pueblo, y acudió a un hombre —Abraham— para mantener viva la promesa.

Dios le pidió a Abraham que lo siguiera a una tierra que prometió darle a él y a sus descendientes: la tierra de Canaán. Allí, Dios hizo un pacto con Abraham (ver Gén. 15:18). Fue una promesa personalizada para un hombre entre toda la raza humana. Más adelante, sería confirmada a otros: Isaac, Jacob, Judá y David. Es más, esta promesa sería el tema del Antiguo Testamento. Para el Dr. Walter Kaiser, erudito en el Antiguo Testamento, es el «centro teológico» de la Biblia hebrea.

Con el paso del tiempo, Dios dejó en claro que Israel era el pueblo de la promesa, que la tierra de Israel era el lugar de la promesa y que David y su linaje serían los reyes de la promesa. Por último, los profetas del Antiguo Testamento previeron en el Mesías venidero el cumplimiento último de la promesa. Mientras los poderes gentiles marchaban por las escenas de la historia humana, el pueblo de Israel nunca perdió de vista al Prometido. Siguieron aguardando, anhelando y esperando a Aquel que habría de venir.

Cuando llegó Jesús, anunció: «No piensen que he venido a anular la ley o los profetas; no he venido a anularlos sino a darles cumplimiento» (Mat. 5:17). ¡Y sí que lo hizo! Jesús cumplió las promesas a tal grado que sobrepasó las mayores expectativas de los que habían esperado tanto tiempo.

En Jesús, la promesa se hizo de carne y hueso. Se encarnó en el Salvador mismo. Por tanto, la nueva forma de la promesa, el nuevo pacto, sustituyó el antiguo pacto. El escritor de Hebreos lo expresa de la siguiente manera: «Pero el servicio sacerdotal que Jesús ha recibido es superior al de ellos, así como el pacto del cual es mediador es superior al antiguo, puesto que se basa en mejores promesas» (Heb. 8:6).

¡Mejores promesas! Mejores porque Cristo es el cumplimiento de la promesa, y sin Él no hay completitud. Pero con Él, todo está completo. Hebreos 1-11 enumera a los grandes héroes hebreos del Antiguo Testamento. Noé, Abraham, Isaac, Jacob, José, Moisés, Josué, Gedeón, Sansón, Jefté, David y Daniel. Luego, Hebreos 11:39,40 añade: «Aunque todos obtuvieron un testimonio favorable mediante la fe, ninguno de ellos vio el cumplimiento de la promesa. Esto sucedió para que ellos no llegaran a la meta sin nosotros, pues Dios nos había preparado algo mejor».

El cumplimiento de la promesa fue inminente; los ayudó a seguir adelante durante la prueba. Siempre estuvo allí presente. Los creyentes del Antiguo Testamento fueron en pos de ella, pero nunca la vieron realizada hasta que Jesús llegó. Entonces, se cumplieron todas sus esperanzas y sus sueños.

Cuando el anciano Simeón sostuvo al bebé Jesús en el templo, anunció: «Según tu palabra, Soberano Señor, ya puedes despedir a tu siervo en paz. Porque han visto mis ojos tu salvación, que has preparado a la vista de todos los pueblos» (Luc. 2:29-31).

El que prometió se había hecho hombre. El llanto de un bebé rompió el silencio de siglos entre los dos Testamentos y llevó a la historia humana a un momento decisivo. La promesa había sido cumplida. El Salvador vino a redimirnos de la maldición del pecado. La esperanza divina iluminó la noche. La Luz del mundo había venido, y ya nada volvería a ser igual. ¡Aquél que prometió había cumplido la promesa!

Para comenzar:
La travesía de la fe

¡Los comienzos son emocionantes! Son los puntos de partida para una vida completamente nueva. Cada paso nuevo tiene sus propios desafíos y oportunidades. Pero ese primer paso requiere mucha fe. ¿Recuerdas la primera vez que condujiste un vehículo? ¿Cuando saliste en tu primera cita? ¿Tu primer día en la universidad? ¿El primer trabajo? ¿Cuando te comprometiste? ¿Cuando tuviste en brazos a tu primer hijo?

Cada paso nuevo es una aventura. Requiere correr un riesgo. Es un paso de fe: un acto de confianza mediante el cual nos comprometemos con alguien o algo. La fe es sencillamente creer en el objeto de nuestra confianza.

Es tan importante, que se la menciona más de 300 veces en la Biblia. La primera referencia a creer en Dios se encuentra en la historia de Abraham. La Escritura declara: «Abram creyó al SEÑOR, y el SEÑOR lo reconoció a él como justo» (Gén. 15:6). Este paso particular de fe fue tan importante, que la afirmación anterior se repite tres veces más en el Nuevo Testamento (Rom. 4:3; Gál. 3:6; Sant. 2:23).

El poder de nuestra fe descansa en el objeto de la misma. En la esencia de todo amor yace la fe en el objeto amado. Si no creo en una persona, no puedo amarla. Lo mismo sucede con nuestra relación con Dios. Sin fe, es imposible conocerlo o amarlo. La fe es el punto de partida en nuestra travesía espiritual. Tenemos que comenzar con Dios: creer que existe, que se interesa por nosotros y que Su amor es real.

En el caso de Abraham, el punto de partida llegó hace 4000 años (aprox. 2100 a.C.) en una floreciente metrópoli cerca del Golfo Pérsico. En ese momento, era un hombre adinerado, exitoso y próspero. Lo último que necesitaba era abandonar todo y seguir a Dios. Ahí es donde aparece la promesa.

La Biblia lo expresa así:

«El Señor le dijo a Abram: "Deja tu tierra, tus parientes y la casa de tu padre, y vete a la tierra que te mostraré. Haré de ti una nación grande, y te bendeciré; haré famoso tu nombre, y serás una bendición"» (Gén. 12:1,2).

Dios le pidió a Abraham que dejara todo lo que amaba para ir a la tierra que le mostraría. Abraham no tenía idea adónde quedaba este lugar. Lo único que sabía era que Dios había prometido bendecirlo y hacer de él una gran nación.

Sin embargo, había un problema: su nombre. En hebreo, *Abram* significa «gran padre». ¡Pero no tenía hijos! Así que su nombre se transformó en una fuente constante de frustración para él. Imaginemos cada vez que se encontraba con alguien.

—Hola, ¿cómo te llamas?

—Gran padre.

—¿Ah, sí? ¿Cuántos hijos tienes?

—¡Ninguno!

Su nombre no se adaptaba a las circunstancias. Era un verdadero problema en la cultura de Abram, porque los nombres se ponían según su significado y trascendencia. Dios lo sabía, y le prometió transformarlo en una «nación grande». Personalizar la promesa fue idea de Dios. Esta transformaría drásticamente la vida de Abram.

El supremo factor de cambio

Dios es el supremo factor de cambio. Este mundo que Él creó cambia constantemente, todos los días; las personas también. Los seres vivos no son estáticos; no permanecen iguales. El cambio surge cuando nos disponemos a crecer y mejorar. Supone varios elementos clave:

1. *Una visión sincera del pasado.* A veces, los «buenos días de antaño» no fueron tan buenos como quisiéramos recordar. Necesitamos una comprensión realista del pasado para poder llegar a algo mejor en el futuro. No hay nada peor que quedarse estancado en la nostalgia, donde mitificamos el pasado y nos negamos a lidiar con el presente.

2. *Una insatisfacción con el presente.* Es imposible cambiar si estamos satisfechos con el estado de las cosas. Una santa insatisfacción con el *status quo* es saludable. Los buenos líderes siempre preguntan cómo pueden mejorar. A menos que comencemos a hacer las preguntas difíciles ahora, quizás esperemos demasiado para entrar en acción.

3. *Una esperanza para el futuro.* Los grandes líderes siempre son optimistas sobre el futuro. Lo aceptan con brazos abiertos y lo aprovechan al máximo. Comprenden que el cambio es una parte necesaria para el avance personal.

Larry y Rosalie Lefler son mis queridos amigos. Larry tenía una empresa de suministros para empresas en St. Louis. Hace varios años, me invitó a almorzar y a hablar sobre algunos cambios importantes que quería implementar en su vida. Estaba pasando por una etapa de profunda reflexión y reevaluación general de sus objetivos y prioridades.

Cuando nos sentamos a comer, comprendí que Larry de veras quería hablar seriamente sobre su vida, su familia y su futuro. Es la clase de persona amable y sensible que toma en serio el consejo. Mientras hablamos de su crecimiento y desarrollo personal, le recordé que el orgullo es el principal obstáculo para hacer cambios en nuestra vida. En general, somos demasiado orgullosos como para admitir que necesitamos cambiar.

El papelito

Saqué un papelito para anotar y escribí una serie de instrucciones sencillas para reducir nuestras opciones desde nuestros intereses generales a nuestras habilidades, limitaciones, dones, motivaciones y oportunidades. Quería que Larry comprendiera que Dios nos dio a todos el potencial de hacer muchas cosas, pero solo tenemos algunas oportunidades para plasmar ese potencial.

Le expliqué que Dios nos creó a cada uno con ciertos intereses, capacidades, limitaciones, motivaciones y talentos. Estos varían de persona a persona, pero nuestras preferencias personales son únicas. De allí surge el potencial que Dios nos da. Él toma nuestro *potencial,* y a medida que refinamos, desarrollamos y aceptamos nuestros intereses generales, nuestras habilidades, limitaciones, motivaciones y dones espirituales, dilucidamos nuestras opciones en busca de las *oportunidades* que Dios nos presenta en la vida.

El resto es cuestión de *elección.* Debemos escoger qué opciones tomar al buscar las oportunidades que Dios nos prepara; a la luz de ciertas prioridades bíblicas respecto a nuestra relación con Dios, el matrimonio, la familia, la iglesia, los negocios y la comunidad. Cuando terminé de explicarle esto, algo tuvo un significado e impacto en el corazón de Larry. Era el momento adecuado para hacer algunos cambios importantes en su vida. Dios le habló claramente y con poder durante ese almuerzo. Después, Larry me preguntó si podía quedarse con ese papelito. Lo colocó en su billetera y me agradeció por el consejo.

Cuando nos preparábamos para mudarnos a Virginia, Larry me llevó a almorzar para agradecerme por lo que nuestra amistad había significado para él. Fue una de esas experiencias conmovedoras que unen a dos amigos. Durante el almuerzo, mencionó la conversación que habíamos tenido años atrás. Sacó su billetera y me mostró el papelito que yo había escrito. Larry lo había mirado casi a diario mientras buscaba la voluntad de Dios para su vida.

«Lo guardé todo este tiempo», afirmó con lágrimas en los ojos. «No sabes cuánto me ha ayudado ese papelito a través de los años. Dios comenzó a cambiar mi corazón ese día y lo sigue haciendo. Es una travesía espiritual, ¡y disfruto cada momento!».

Da ese primer paso

Abram aceptó el llamado de Dios, y en fe emprendió un viaje espiritual que cambió el curso de la historia. Reunió a su esposa, su sobrino y todas sus posesiones, y comenzó la larga travesía río arriba junto al Éufrates hacia la tierra que Dios le había prometido: Canaán.

Los cambios importantes nunca son fáciles. Si alguna vez experimentaste alguno, sabes de qué hablo. Dejas atrás tu hogar, tu familia y lo que te es conocido para dirigirte por tu cuenta en rumbos nuevos, a lugares y desafíos diferentes: un nuevo comienzo. Pero lo más probable es que en algún momento, se haya instalado la incertidumbre. La aprensión te abrumó. Te preguntaste: «¿En serio quiero hacer esto? Estoy dejando todo atrás».

Para Abram, las cosas tampoco eran tan sencillas. La tierra nueva estaba llena de extraños poco amistosos: los cananeos. Además, se enfrentó a la hambruna, un viaje desastroso a Egipto, y problemas con los parientes. Después, su sobrino lo abandonó, y con el tiempo, estalló la guerra. Sin duda, Abram comenzó a preguntarse si alguna vez tendría hijos. Pasaron diez años, y entonces se le ocurrió una idea: la adopción. En el antiguo Cercano Oriente, era perfectamente aceptable adoptar a un siervo de confianza como heredero. Abram tenía un siervo excelente llamado Eliezer. Así que se acercó a Dios y le dijo:

«SEÑOR y Dios, ¿para qué vas a darme algo, si aún sigo sin tener hijos, y el heredero de mis bienes será Eliezer de Damasco? Como no me has dado ningún hijo, mi herencia la recibirá uno de mis criados» (Gén. 15:2,3).

Abram presentó su plan, pero el Señor soberano tenía otra idea. Le respondió: «¡No! Ese hombre no ha de ser tu heredero [...] Tu heredero será tu propio hijo» (Gén. 15:4). Después de todo, tendría un hijo. Entonces, Dios le reveló a Abram que sus descendientes serían innumerables como las estrellas. «Cuenta las estrellas», lo desafió. «Así de numerosa será tu descendencia». ¡Qué promesa!

¡Y allí sucedió! La Biblia afirma: «Abram creyó al SEÑOR, y el SEÑOR lo reconoció a él como justo» (Gén. 15:6). En ese momento, la promesa se hizo real para él. Allí, Abram le creyó a Dios a pesar de sus circunstancias. Dios lo dijo. Está establecido. ¡Lo creo! Y así comienza la travesía de la fe para nosotros también. Romanos 4:5 (NTV) lo expresa así: «... la gente no es considerada justa por sus acciones sino por su fe en Dios...».

¿Cómo comienza la fe? Al creer. Dios nos ha hecho una oferta: perdonar nuestros pecados y regalarnos Su justicia. Al creer que este ofrecimiento es sincero, lo tomamos por fe. Crees que Jesús murió por tus pecados, y te apropias de este hecho. Tomas a Cristo como tu Salvador. Con el tiempo, aprenderás a caminar, y luego a correr. Pero debes comenzar dando ese primer paso. Basta de dudas. Basta de excusas. Es hora de creer. Confía en Él hoy.

Toma una decisión bien definida

En la antigüedad, tenían una manera única de resolver las cosas. Hacían un pacto «cortante» con el otro. Un pacto era un acuerdo. Pero lo interesante era cómo «cortaban». Tomaban animales y los abrían a la mitad. Distribuían las mitades a cierta distancia para formar un pasaje. A continuación, las dos personas que hacían el pacto se tomaban de las manos y caminaban juntas entre los restos del animal.

Literalmente, el acuerdo era: «Yo mantendré mi parte del convenio, y tú cumplirás con tu mitad». En sí, la mitad de un animal no vale nada. No se puede obtener leche de la mitad de una vaca… ¡en especial si tienes la mitad equivocada! Así que, a menos que cooperemos, nunca lograremos nuestro objetivo.

Génesis 15:12-18 afirma que Dios bajó solo y «pasó por entre las mitades» (LBLA). No tomó la mano de Abram para caminar con él a través de los restos. Es más, Abram estuvo en trance («un profundo sueño») todo el tiempo. No se trataba de un pacto condicional, ni era un acuerdo que dependía del cumplimiento de las dos partes para funcionar. Dios prometió que lo haría y lo hizo… solo.

«En aquel día el SEÑOR hizo un pacto con Abram» (Gén. 15:18). Y el corte de Dios fue profundo. Le prometió a Abram que sus descendientes poseerían toda la tierra: la tierra prometida. Esta era la evidencia externa del compromiso de Dios de cumplir Su promesa con Abram; es decir, que le pertenecería a sus descendientes para siempre.

Fue un gran día; supremo y santo. Nunca antes había existido uno igual. Dios hizo un pacto incondicional con una persona. La promesa había sido personalizada. ¡Y el mundo ya no sería el mismo!

Los pactos incondicionales son como los compromisos matrimoniales. El voto es para toda la vida, y la novia recibe un anillo como símbolo del compromiso del novio para con ella. No se queda con el anillo solo si cumple con ciertas condiciones. Lo recibe en forma incondicional. Es lo que Dios hizo con Abram. Le hizo una promesa incondicional, y hasta el día de hoy la cumple.

No te desvíes

Sin duda, Abram volvió a casa entusiasmado. Se había encontrado con Dios, y Él le había prometido un hijo. Pero cuando intentó explicárselo a su esposa, Sarai, hubo un problema de comunicación. Después de todo, tenía 85 años, y ella 75. Era demasiado vieja para tener hijos. ¿No es verdad?

«El Señor me ha hecho estéril», protestó Sarai. «Ve y acuéstate con mi esclava Agar. Tal vez por medio de ella podré tener hijos», sugirió (ver Gén. 16:2).

Entonces apareció el plan B: una madre sustituta. Abram y Sarai pusieron la razón por encima de la revelación. Dios había hablado con claridad, pero Sarai no lo entendió.

En la antigüedad, se acostumbraba que una pareja sin hijos procreara mediante una esclava y adoptara el niño como propio. Sin embargo, era una simple costumbre, no el mandato de Dios. Abram sucumbió ante la presión de Sarai y tuvo un hijo de Agar, la sierva egipcia. Este fue Ismael, el predecesor de los árabes.

«Oye, ¿qué podría salir mal?», pensó. Y 4000 años más tarde, todavía nos preguntamos: «¿Qué salió mal?». Hasta la actualidad, los árabes y los judíos se odian, y crean terribles confrontaciones, terrorismo y desasosiego en el Medio Oriente. Muchos de los problemas que Israel enfrenta hoy podrían haberse evitado si Abram y Sarai no hubieran interferido con el plan de Dios.

Cada vez que intentamos leer entre líneas de la revelación divina, hacemos lo mismo. Primamos la razón por encima de la revelación, las costumbres por encima del contenido de la Escritura. Y el resultado siempre es un problema.

Génesis 16:16 afirma: «Abram tenía ochenta y seis años cuando nació Ismael». Ahora, veamos el siguiente versículo, Génesis 17:1. Dice que Dios se le apareció a Abram cuando tenía «noventa y nueve años». Restemos la diferencia: trece años.

Durante trece años, no hubo otro mensaje de parte de Dios. ¿Qué sucedió durante esos años de silencio? No lo sabemos. Pero no se pueden leer estos pasajes sin la notable sensación de que Dios dejó de hablarle a Abram. Como él no estaba dispuesto a escuchar, Dios dejó de hablar.

La revelación divina se detuvo de repente. Abram se las arregló como pudo, preguntándose qué habría sucedido con la promesa. Mientras tanto, Dios esperó un mejor momento.

Un nuevo comienzo

Luego de trece años de silencio, Dios le habló a Abram. Ahora tenía 99 años. Ismael era un adolescente. El hijo prometido no había nacido aún, pero la intención de Dios no había cambiado. Todavía planeaba que Abram y Sarai tuvieran un hijo propio.

«Yo soy el Dios Todopoderoso [heb., *El Shaddai*]», le anunció el Señor a Abram. «Así confirmaré mi pacto contigo, y multiplicaré tu descendencia en gran manera» (Gén. 17:1,2).

Abram cayó sobre su rostro ante Dios. La larga espera había acabado. Lo único que podía hacer era escuchar.

«Ya no te llamarás Abram, sino que de ahora en adelante tu nombre será Abraham ["padre de multitudes"], porque te he confirmado como padre de una multitud de naciones», explicó Dios (Gén. 17:5).

Entonces, Dios le comunicó a Abraham que haría un «pacto perpetuo» con él y sus descendientes, y les daría la tierra de Canaán. Le explicó que la circuncisión sería la señal del pacto; una marca en su carne para recordarles a las generaciones venideras que sus descendientes debían dedicarse a Dios.

Luego, el Señor cambió el nombre de Sarai a Sara (que significa «princesa»). «Yo la bendeciré», prometió, «y por medio de ella te daré un hijo» (Gén. 17:16). Por Su gracia, Dios reconfirmó todo lo que le había dicho a Abraham trece años antes, y volvió a enfatizar que le daría un hijo mediante Sara.

Abraham debería haber estado entusiasmadísimo. Pero la Biblia afirma: «Entonces Abraham inclinó el rostro hasta el suelo y se rió de pensar: "¿Acaso puede un hombre tener un hijo a los cien años, y ser madre Sara a los noventa?"» (Gén. 17:17). Así que apeló a Dios para que dejara que Ismael fuera el hijo prometido.

Dios le respondió que bendeciría a Ismael, pero que el pacto se haría mediante su nuevo hijo, Isaac (que significa «risa»). Era como si dijera: «¿Te parece gracioso? Veamos quién se ríe ahora. El niño se llamará "risa". ¿Cuándo? Para esta época el año que viene, tendrás un hijo». Entonces, Dios «se retiró» y desapareció.

Creo que este fue el momento decisivo para Abraham. Había recibido una segunda oportunidad. Volvió al plan original: basta de perder el tiempo, basta de reírse de Dios. Era hora de ponerse serio, y lo sabía.

Cuéntale la verdad a tu esposa

Sin duda, Abraham volvió a su casa renovado, con un nombre, una fe y una confianza nuevos. Sin embargo, cometió un grave error. No se molestó en contarle a Sara lo que había sucedido.

¡Jamás lo creerá!, pensó probablemente.

Como muchos hombres, Abraham hizo las paces con Dios, pero en casa, siguió siendo un «agente secreto» espiritual. *¿Para qué perturbar a Sara?*, pensó Abraham. *Ya tiene suficientes presiones. Además, pensará que me lo inventé. Me quedaré callado y veré qué sucede.*

Sin embargo, Dios no lo dejaría quedarse callado. Decidió que si Abraham no hablaba con Sara, Él lo haría. En Génesis 18, leemos cómo Dios y dos ángeles visitan la tienda de Abraham en Mamré (el actual Hebrón).

Abraham levantó la mirada un día y vio a tres extraños que se acercaban. ¡Desconocidos! ¡Visitantes! Era hora de una buena dosis de hospitalidad del Cercano Oriente. Se inclinó, los saludó y los recibió a la sombra de un gran árbol, junto a su tienda. Entonces, comenzó el revuelo. Sara salió corriendo a hacer pan, y Abraham a cazar la cena.

Más tarde, cuando los hombres se acomodaron para cenar, preguntaron:

—¿Dónde está Sara, tu esposa?

—Allí en la carpa —respondió Abraham.

El extranjero levantó la cabeza para hablar: —Dentro de un año volveré a verte, y para entonces tu esposa Sara tendrá un hijo.

¡Era el mismo Señor! Abraham se quedó sentado, sin poder hablar.

Pero Sara podía escucharlos hablar afuera de la tienda, y se rió porque «ya había dejado de menstruar» (Gén. 18:11). Un embarazo no era ni siquiera físicamente posible. ¡Haría falta un milagro para que tuviera un bebé!

—¿Por qué se ríe Sara? —preguntó el Señor. Pero Abraham permaneció sentado, en silencio y atónito.

—Yo no me estaba riendo —protestó Sara, al parecer asomando la cabeza desde la carpa.

—Sí te reíste —afirmó Dios—. ¿Acaso hay algo imposible para el Señor?

Eso fue todo. Terminaron la comida y se fueron. Los dos ángeles tenían un compromiso importante en Sodoma, así que siguieron su camino. Abraham habló con Dios un poco más, y luego Él desapareció.

La promesa cumplida

Pasó el tiempo, y como era de esperar, Sara quedó embarazada. Era humanamente imposible, pero sucedió. Fue un milagro de la gracia de Dios. Nueve meses más tarde, el hijo milagroso llegó. Y lo llamaron Isaac.

Se habían reído de Dios, y ahora se reían con Él. La promesa era real. El Señor la había cumplido. El hijo había nacido. La fe había sido confirmada. Isaac fue el hijo de la promesa: el hijo del pacto, el padre de los judíos, el predecesor del pueblo de Dios.

Isaac, el hijo milagroso de Abraham, estaba destinado a transformarse en el padre de otro hijo milagroso de Abraham: Jesucristo, el Mesías nacido de una virgen. Él también entraría a la raza humana por medios poco convencionales; esta vez, sin un padre humano. Isaac comenzaría un linaje milagroso, y Jesús sería la culminación de las esperanzas y los sueños de ese pueblo.

Cuando nació Isaac fue un día grandioso. Nadie podría haber estado más feliz que Abraham. Había creído en Dios y confiado en Él. Aunque las circunstancias habían desafiado su fe, ahora se había comprometido completamente con Dios. Conocía al que prometió, y esa era la gran diferencia.

El desafío final

Durante los próximos 20 años, Isaac fue la alegría de sus vidas. Lo vieron crecer y transformarse en un jovencito. Pero un día, Dios decidió someter la promesa a una prueba de fuego.

«Toma a tu hijo, el único que tienes y al que tanto amas, y ve a la región de Moria», le ordenó Dios a Abraham. «Una vez allí, ofrécelo como holocausto en el monte que yo te indicaré» (Gén. 22:2).

¡Sacrificio humano! Era completamente contrario a la naturaleza y el carácter de Dios. Esta «ofrenda quemada» (NTV) requería matar y quemar por completo lo que se sacrificaba para Dios. La palabra hebrea para este sacrificio era *hola*, de la cual proviene *holocausto*. ¡Nada podría haber sido más inadecuado para el padre de los judíos!

Esta vez, Abraham no se rió. Nada de excusas. Nada de explicaciones. Nada de dudas. Ensilló su burro, cortó la leña, tomó dos siervos para ir junto con Isaac, y se dirigió a Moria. Ahora tenía 120 años. Había caminado con Dios mucho tiempo. Había llegado a comprender que Aquél que prometió era más grande que la promesa. Y no era momento de dudar de Él.

Creo con todo el corazón que Abraham sabía que Dios mantendría la promesa. *El muchacho no puede morir. Es el cumplimiento. No puede existir la raza judía sin él: ¡no habría tierra prometida, futuro Mesías, Salvador, ni salvación!* Por eso, Abraham les dijo a los siervos que esperaran con el asno. Y añadió: «El muchacho y yo seguiremos adelante para adorar a Dios, y luego regresaremos junto a ustedes» (Gén. 22:5).

En toda travesía de fe, llega el momento crucial en que todo lo que crees es puesto a prueba. Por supuesto, queremos las bendiciones. ¿Pero deseamos más a Aquel que nos bendice que a la bendición en sí? Solamente cuando enfrentamos esta pregunta en forma personal, estamos listos para seguir adelante en fe. Nuestra travesía con Dios comienza por la fe; y también debe continuar por fe.

Cuando Dios provee

Cuando Isaac preguntó por el cordero para el sacrificio, Abraham respondió sencillamente: «El cordero, hijo mío, lo proveerá Dios» (Gén. 22:8). Esta es la fe en su máxima expresión. Abraham sabía que Dios proporcionaría un sustituto o levantaría a Isaac de los muertos. *De una u otra manera... no lo dejará morir. ¡Lo prometió!* Por eso, más adelante llamaron al lugar del sacrificio *Yahvéh Yiréh*, que significa «el Señor proveerá».

Llegaron a la cumbre rocosa de la montaña; irónicamente, el mismo lugar donde se erguiría el altar del sacrificio en el templo más adelante. En ese momento, algo increíble sucedió. Isaac *voluntariamente* permitió que su padre anciano lo atara y lo colocara sobre el altar. Podría haberse resistido, pero no lo hizo. Fue obediente hasta la muerte.

Dispuesto a hacer lo que Dios mandara, pero con la desesperada convicción de que el que prometió proveería, Abraham sacó el cuchillo y lo elevó sobre su hijo. Recién allí el ángel del Señor (Cristo mismo) habló desde el cielo.

«No pongas tu mano sobre el muchacho», pidió. «Ahora sé que temes a Dios, porque ni siquiera te has negado a darme a tu único hijo» (Gén. 22:12).

Cuando Abraham se volvió, vio a un carnero enredado en un matorral. De hecho, Dios había proporcionado un sustituto para el holocausto. Isaac quedó libre.

Llegaría el día, 2000 años más tarde, en que Dios llevaría a Su único Hijo al mismo lugar. Él también llevaría la leña: la cruz. También se dejaría atar: con nuestros pecados. A Él también lo colocarían sobre el altar del sacrificio, y la mano del Padre se alzaría sobre Él.

Pero esta vez, nadie hablaría desde el cielo. Y la mano divina de juicio caería sobre Jesús: el sustituto supremo, el eterno sacrificio, el unigénito Hijo de Dios el Padre. Dios haría con Su Hijo lo que no permitió que Abraham hiciera con el suyo. Jesús moriría como sacrificio supremo: el Cordero de Dios, sacrificado desde la fundación del mundo.

Allí comenzó la promesa. En la mente y el corazón de Dios, en los eones de la eternidad. Cuando Dios previó nuestra gran necesidad, Su divina gracia lo llevó a cubrirla. Entonces diseñó el plan perfecto, y envió a Su Hijo para redimir al mundo.

El Señor dio todo lo que tenía por nosotros. Lo mínimo que podemos hacer es entregarnos a Él. Es lo único que quiere… ¡a ti! Y te aceptará tal cual eres; con todos tus pecados, tus fracasos y derrotas; con tu vida deshecha y tus promesas rotas. Te aceptará sin importar cómo llegues, y te transformará en una persona completamente nueva: un hijo de la promesa.

Para preguntarse

1. ¿Has dado ese primer paso de conocer a Dios?
2. ¿Le has entregado toda tu vida a Jesucristo?
3. Piensa en las veces en que intentaste adelantarte a los tiempos de Dios para tu vida. ¿Qué salió mal?

4. ¿Cuánto tiempo estuviste desviado? ¿Y qué tuvo que hacer Dios para captar tu atención?
5. ¿Estás dispuesto a colocar todo sobre el altar del sacrificio?
6. ¿Qué es lo que más te cuesta entregarle a Dios?
7. ¿Vale la pena retenerlo?

Para poner en práctica

Si de veras dejo que Dios tome el control completo de mi vida, ¿qué tendría que estar dispuesto a hacer yo?

_____

_____

_____

Reflexión final

La fe no cambia las circunstancias.
Me cambia a mí.

—JOHN MAXWELL

Cómo superar los obstáculos:
Una resolución firme en tiempos de prueba

«¡Todo comienza y termina en el liderazgo!». ¿Cuántas veces hemos escuchado algo así? Afirmaciones tales rigen empresas enteras y sus decisiones gerenciales. Cualquier problema de una organización es en general un reflejo de lo que le sucede al líder, tanto en el ámbito corporativo como en el personal.

El éxito o el fracaso del liderazgo se evidencian primero en el hogar. El plan bíblico para el varón es que sea la cabeza de la casa. Su liderazgo amoroso tiene que crear un manto de protección sobre su esposa y sus hijos. Cuando el varón no es el líder espiritual que debería ser, toda la familia sufre. Si no da el ejemplo, siempre habrá conflictos que podrían haberse evitado.

Dios llama a los varones a ser los líderes de su hogar, de la iglesia y de la comunidad. Sin embargo, jamás tendrán éxito en la iglesia o en la comunidad hasta que lo tengan en el hogar, porque ser un buen esposo y padre es fundamental para tener una buena familia. Esto no funciona bien si el hombre no ejerce el liderazgo conforme a la voluntad del Señor. Sin duda, Dios bendice el esfuerzo de las madres creyentes. Pero Su plan ideal es obrar a través de los dos padres, y que el varón asuma el liderazgo espiritual. Y aunque tiene sus privilegios, el liderazgo también supone responsabilidades. Las responsabilidades del esposo hacia la esposa son:

1. amarla (Ef. 5:25),
2. honrarla (1 Ped. 3:7),
3. confiar en ella (Prov. 31:11),
4. alabarla (Prov. 31:28),
5. santificarla (1 Cor. 7:14),
6. protegerla (Rut 1:9),
7. proveer para ella (1 Tim. 5:8),
8. enseñarle (1 Cor. 14:34,35),
9. disfrutar junto a ella (Ecl. 9:9),
10. ser su amigo (Cant. 5:16).

Como padres, los hombres también tienen tareas básicas para edificar una familia cristiana basada en la Biblia. Es necesario dar el ejemplo a los hijos, mostrando las actitudes y las conductas que esperamos de ellos. Criar hijos nunca fue fácil, pero siempre ha sido satisfactorio. La paternidad es una de las mayores alegrías de la vida, tanto para nosotros como para nuestros hijos.

Las responsabilidades del papá para con sus hijos son proporcionar:

1. un ejemplo positivo (Sal. 103:8-13),
2. un legado espiritual (1 Ped. 1:4),
3. seguridad financiera (2 Cor. 12:14),
4. instrucción bíblica (Deut. 6:6-9),
5. disciplina coherente (Prov. 22:6),

6. consejo práctico (Ef. 6:4),
7. bendición para el futuro (Mar. 10:13-16).

Una familia dividida

Después de la muerte de Abraham, Isaac recibió confirmación de Dios de que la promesa dada a su padre continuaría mediante su linaje. La Biblia relata que Isaac tenía mellizos: Esaú y Jacob. Sin embargo, no eran gemelos idénticos. Esaú, el mayor, era robusto, masculino y «bien macho». Tenía (mucho) cabello rojo por todo el cuerpo, algo apropiado para su imagen masculina. Pronto, se transformó en el favorito de su padre, porque le encantaba estar al aire libre; en especial, le gustaba la caza y todo lo que eso implicaba. Isaac era el típico padre orgulloso que disfrutaba revivir su juventud a través de su hijo.

Jacob, por otro lado, era tranquilo, menos robusto, de piel suave y más bien un muchacho a quien le gustaba estar en la casa. La Biblia dice que era el consentido de mamá. Le gustaba estar en la cocina y preparar la comida. No obstante, el favoritismo de papá con Esaú y de mamá con Jacob creó una división en la familia. Con el tiempo, esta afloró como rivalidad y los muchachos comenzaron a competir entre sí.

Isaac y Rebeca vivían en paz y prosperidad… con la excepción de sus dos hijos. Esaú y Jacob tenían una relación conflictiva. Cansaban a sus padres, y traían dolor y angustia a sus vidas.

En las familias del antiguo Cercano Oriente, había dos tradiciones sumamente importantes. Cuando el padre estaba por morir, siempre le daba al hijo mayor la *primogenitura* y la *bendición*. La primogenitura automáticamente le concedía al mayor la posición del liderazgo en la familia cuando el padre moría. La bendición suponía recibir una doble porción de la herencia paterna. En otras palabras, recibía el doble que los demás hermanos.

Estafado por tu propio hermano

Un día, Esaú volvió a casa luego de un día largo e infructuoso de caza. Estaba muerto de hambre. Mientras tanto, Jacob había estado en casa todo el día preparando una gran olla de chile picante (o un guiso rojizo, como lo describe la Biblia).

Jacob provocó a Esaú: —Oye, grandote pelirrojo, ¿cazaste algo hoy?

—No, nene de mamá, y me muero de hambre. Dame un poco de eso.

Esaú quiso tomar el chile, pero Jacob se lo sacó.

—Véndeme primero tus derechos de hijo mayor —insistió Jacob (Gén. 25:31).

Sí, Jacob podría haber estado bromeando. No obstante, los buenos chistes siempre tienen algo de verdad. En hebreo, Jacob significa «conspirador, manipulador, engañador». Se traduce literalmente «suplantador»: el que le roba el lugar a otro. Y recuerda que en esta familia, había una gran herencia en juego.

Sin embargo, Esaú tenía tanta hambre que no le importó. Génesis 25:34 afirma que «menospreció sus derechos de hijo mayor». Los tomó a la ligera.

¿Para qué me sirve la primogenitura si me estoy por morir de hambre?

Así que cambió su derecho por un tazón de la sopa de Jacob. Probablemente, supuso que igual podría vencer a Jacob cuando quisiera. Pero Dios notó una falla de carácter en la actitud de Esaú al no tomar en serio la responsabilidad del liderazgo.

Siempre se ha debatido si los líderes *nacen* o se *hacen*. Por cierto, algunos parecen tener cualidades de liderazgo desde muy temprana edad. Los dones y los talentos naturales, así como las proezas físicas, pueden ayudar al éxito. Esa ventaja física de Esaú era innata.

Pero los líderes también se hacen y se desarrollan según su respuesta a las circunstancias naturales. Algunos, como

Jacob, tienen que aprender a liderar. Es más, su debilidad física le permitió desarrollar su perseverancia ante la dificultad frente a su hermano en el ámbito psicológico.

El peor engaño

Pasó el tiempo, e Isaac se enfermó. Ya no veía bien. Es más, estaba casi ciego, y pensó que estaba a punto de morir. Según la tradición antigua, los patriarcas del Cercano Oriente no dejaban por escrito su testamento; lo comunicaban verbalmente. Isaac llamó a Esaú para darle su bendición.

«Hijo», pidió Isaac, «quiero que vayas a cazar algún animal para mí. Prepara un buen guiso como a mí me gusta, y será mi última cena. Entonces, te bendeciré antes de morir».

La Biblia relata que Rebeca escuchó a escondidas toda la conversación. Corrió a buscar a Jacob, su favorito, y le instó:

—¡Tenemos que hacer algo! ¡Tu hermano recibirá la bendición! ¿Por qué no entras y le dices que eres Esaú? Prepararé una carne de venado como a él le gusta. Puedes llegar primero con la comida, y ganarle a tu hermano para recibir la bendición.

—Pero Esaú es grande, tosco y velludo. ¿Y si papá me toca y se da cuenta de quién soy? —cuestionó Jacob.

—Te pondremos pieles de cabritos en los brazos, y si te toca, pensará que eres Esaú. ¡Recuerda que está prácticamente ciego! —afirmó Rebeca.

Y así fue, engañaron al viejo padre. Sin saberlo, Isaac bendijo al hijo equivocado: a Jacob. No obstante, la ironía es que antes de que nacieran los mellizos, Dios había predicho: «El mayor [Esaú] servirá al menor [Jacob]» (Gén. 25:23). El plan original de Dios era que Jacob recibiera la bendición. Sabía que Esaú no sería un líder responsable incluso antes de que naciera. Pero en lugar de esperar que Dios resolviera todo, Rebeca y Jacob interfirieron y tomaron cartas en el asunto. Intentaron hacerlo a su manera y terminaron creando un problema. La verdad es que no hay atajos para alcanzar el éxito.

Cuando Esaú volvió y descubrió que Jacob le había robado la bendición, ¡se enfureció!

«¡Con toda razón le pusieron Jacob [«engañador»]! [...] Ya van dos veces que me engaña: primero me quita mis derechos de primogénito, y ahora se lleva mi bendición».

Esaú prometió matar a Jacob, así que Isaac y Rebeca tuvieron que enviar lejos al menor. Ahora, la familia estaba dividida no solo por el favoritismo y la rivalidad, sino también por la distancia física. Y lamentablemente, Rebeca nunca más vio a Jacob.

El engañador se encuentra con el que cumple sus promesas

Jacob huyó apurado, prometiendo volver en pocos días. Sin embargo, estuvo lejos 20 años. Huyó de Esaú a Jarán, en Siria, donde vivía su tío Labán (el hermano de Rebeca). En el camino entre Berseba y Jarán, Jacob se detuvo a descansar a la noche. La Escritura afirma que utilizó una piedra como almohada (¡con razón tuvo un sueño!). Soñó con una escalera que bajaba del cielo, y por ella subían y bajaban ángeles. Arriba de la escalinata, estaba el Señor, que declaraba: «Yo soy el SEÑOR, el Dios de tu abuelo Abraham y de tu padre Isaac» (Gén. 28:13).

Observa que no le dijo «yo soy tu Dios», porque no lo era. ¡La vida de Jacob era un desastre! Había engañado a su hermano para quitarle la primogenitura, había robado la bendición al fingir ante su padre y ahora huía por su vida. Se iba de la misma tierra que esperaba heredar al robarse la bendición. Sin embargo, Dios intervino. Apareció para renovar la promesa que les había hecho a Abraham y a Isaac. Dios da a entender que también está dispuesto a ser el Dios de Jacob.

«A ti y a tu descendencia les daré la tierra sobre la que estás acostado [...] Yo estoy contigo. Te protegeré por dondequiera que vayas, y te traeré de vuelta a esta tierra. No te abandonaré hasta cumplir con todo lo que te he prometido» (Gén. 28:13-15).

¡Qué promesa maravillosa! Dios le dijo a Jacob que estaría con él, lo cuidaría y lo llevaría de regreso al lugar donde lo quería. Prometió hacer por Jacob lo que él no podía hacer solo: bendecirlo, protegerlo y llevarlo a casa.

Dios no espera que seamos perfectos para recibir Sus promesas. Se encuentra con nosotros en donde estamos, porque jamás podríamos llegar adonde está Él. Así como el Señor prometió ayudar a Jacob, promete ayudarnos a nosotros. Nada de lo que hagamos puede *evitar* que Dios cumpla Sus promesas. ¡Siempre cumple lo que promete! En 2 Tim. 2:13, leemos que aun «si somos infieles, él sigue siendo fiel, ya que no puede negarse a sí mismo». No puede evitar ser fiel a Sus promesas.

Jacob despertó, pero en lugar de estar entusiasmado por la presencia de Dios, ¡entró en pánico! Tenía miedo porque había visto a Dios cara a cara. En general, cuando hay pecado en nuestra vida, no tenemos apuro de encontrarnos con Dios, porque sabemos que nuestra culpa quedará expuesta. Pero es necesario dejar al descubierto el pecado para reconocer que precisamos que Dios lo quite y lo reemplace con Su gracia.

Un nuevo rumbo

Al considerar la cantidad de errores que había cometido, Jacob por fin tomó una decisión sabia. Llegó al punto de la conversión genuina. Comprometió toda su vida a Dios, y afirmó: «El Señor será mi Dios [...] y de todo lo que Dios me dé, le daré la décima parte» (Gén. 28:21,22). Que haya prometido diezmar demuestra una verdadera transformación. El que siempre *tomaba* se comprometió a *dar*. Y eso supuso un nuevo rumbo para su vida.

Entonces, Jacob hizo algo más para indicar su compromiso con Dios. Edificó un altar para adorar. Allí derramó aceite, que había llevado para su largo viaje. Era lo único de valor que llevaba consigo. No disponía de un sacrificio animal. Sencillamente, dio todo lo que tenía. Llamó a ese lugar Betel, que en hebreo significa «casa de Dios». Allí no había ningún edificio; ninguna estructura. Era simplemente una ladera al borde de la ciudad cananea de Luz, pero era el lugar donde Jacob se encontró con Dios.

A través de los años, he observado que nuestra relación con la casa de Dios suele ir de la mano con nuestra relación con el Señor. Cuando tenemos una buena relación con Dios, disfrutamos de estar en Su casa. Pero cuando estamos alejados de Él, no queremos estar en Su morada. Así que cuando la gente afirma: «Me he ido alejando de la iglesia», lo que en realidad quiere decir es: «Me he alejado de Dios».

¿Adónde estabas cuando conociste al Señor? Les he hecho esta pregunta a audiencias en todos Estados Unidos. La mayoría levanta la mano para indicar que fue salva en una iglesia o alguna reunión relacionada con la iglesia. Muchos más se convirtieron en la casa de Dios que en un campamento, en una concentración en la ciudad o alguna otra actividad similar. Mi conclusión es que aunque Dios bendice las actividades evangelizadoras paraeclesiásticas, la mayoría de las personas conoce al Señor en una iglesia local, en donde se proclama la Palabra de Dios con fidelidad semana tras semana.

Cuando experimentas una verdadera conversión, el lugar en donde conoces a Dios, Su casa, se transforma en el más importante de tu vida. De la misma manera, Betel pasó a ser un lugar sumamente importante en la vida de Jacob. Marcaría cada momento decisivo en su caminar con Dios.

Se cosecha lo que se siembra

Jamás olvidaré lo que sentí cuando nació mi primera hija. Mi esposa y yo dedicamos cada minuto libre a estar con nuestro inocente angelito. Aunque nos cambió la vida por completo, Linda era nuestra niñita hermosa y perfecta.

Años después, cuando un día llegué a casa del trabajo, besé a mi esposa como de costumbre, pero esta vez ella rompió en llanto.

—¿Qué sucede? —le pregunté, con calma.

En medio de sollozos, me contestó: —Es Linda... ella... ella...

Entré en pánico.

—¿Está bien? ¿Qué sucedió? ¿Se cayó? ¿Se lastimó? ¿Adónde está?

Mientras seguía llorando desconsolada, Donna se las arregló para responder: —Ella... *robó* algo, y luego... ¡me *mintió!*

Linda, nuestro «angelito» de tres años, no había querido almorzar. Como resultado, mi esposa no quiso darle postre. Mientras mamá estaba fuera de la habitación, la pequeña entró a hurtadillas a la cocina, y se robó un helado del refrigerador. Se lo engulló y arrojó el palito y el envoltorio al cesto de basura. Pero olvidó un pequeño detalle: el bigote de chocolate encima de sus labios. ¡Menuda evidencia!

Lo que más lastimó a Donna fue que, a pesar de las pruebas, Linda mintió sobre lo que había hecho. Aun después de que mi esposa sacó el envoltorio vacío del cesto de basura, Linda insistió en que no sabía de dónde había salido. Fue nuestra primera lección, como padres, sobre la corrupción humana.

Hace alrededor de un año, estaba hablando con nuestra hija Linda por teléfono. Ahora está casada y tiene una hija propia. «Papá, no creerás lo que sucedió», comenzó con voz temblorosa. «¡No sé qué hice mal! Jennifer (su hija de tres años) le cortó el flequillo a la hija del vecino!».

¡No pude evitar reírme! Le recordé a Linda que ella había hecho algo similar a la misma edad. No la consoló demasiado. Pero me hizo acordar al dicho: «Se cosecha lo que se siembra».

Jacob había llegado a un momento crucial de su vida en Betel, pero todavía quedaban algunos obstáculos difíciles por enfrentar, y tenía que madurar. Las consecuencias de las malas decisiones que había tomado en el pasado estaban a punto de atraparlo. Cuando llegó a Jarán, le pagaron con la misma moneda.

Jacob llegó a Jarán en busca de su tío Labán. No tenía un directorio telefónico, y las casas no estaban numeradas. Así que fue al pozo a la salida de la ciudad, con la esperanza de encontrar a alguien que pudiera indicarle cómo llegar a la casa de su tío. Cuando llegó, las jóvenes solteras de la ciudad salieron a dar de beber a las ovejas. Alguien había dejado la piedra sobre la boca del pozo, y las muchachas no podían quitarla. Jacob pensó: *Qué buena oportunidad para mostrar mis músculos e impresionar a las chicas.*

«A un lado, señoritas. Quitaré la piedra. ¡No se preocupen!». Sacó la piedra, y sus ojos se cruzaron con los de una muchacha que le hizo fluir la adrenalina. ¡Fue amor a primera vista! Es más, ¡se acercó a ella y la besó! Génesis 29:11 relata: «Entonces Jacob besó a Raquel, y alzó su voz y lloró» (LBLA). ¡No sé si estaba desilusionado o si ella le mordió el labio! En realidad, los dos estaban felices de haberse encontrado. Jacob probablemente lloró porque estaba aliviado de encontrar a alguien que se interesara en él.

Amor a primera vista

Pronto, Jacob descubrió que Raquel era la hija de Labán. Era su prima. Ahora que la había besado, sí que era una «pariente cercana». «He realizado un largo viaje para encontrar a tu padre», puede haberle dicho Jacob. «¿Acaso mencioné que mis padres quieren que encuentre una esposa entre tu parentela mientras estoy aquí?».

«¡Qué bueno! Puedes quedarte con nosotros. ¡Tenemos mucho lugar!», respondió Raquel, con la expresión del que acaba de ganarse la lotería.

Raquel llevó a Jacob a su casa con Labán. Este estaba encantado de ver a Jacob porque le recordaba cuando Abraham envió un séquito a Jarán para encontrarle esposa a Isaac. En ese momento, habían seleccionado a su hermana, Rebeca. Pero más que nada, recordaba todo el oro, la plata y los bienes valiosos que habían traído. Literalmente, salió corriendo a recibir a Jacob.

«¡Jacob! ¡Qué bueno verte! ¿Cómo está tu patrimonio… quiero decir, tu parentela?». No tenía idea de que Jacob había huido de su casa y no tenía nada de valor consigo… ¡ni siquiera una tarjeta de crédito!

Jacob se enamoró de Raquel. Un día, reunió el coraje para pedir su mano en matrimonio a su padre. Como no tenía dinero para la dote, accedió a trabajar para Labán durante siete años. Jacob estaba tan enamorado, que la Biblia afirma que «trabajó siete años para poder casarse con Raquel, pero como estaba muy enamorado de ella le pareció poco tiempo» (Gén. 29:20). Perdió la noción del tiempo. Y se olvidó de todos los problemas en su casa. Por fin, llegó el día de la boda.

En el Cercano Oriente, se acostumbraba cubrir a la novia con velos durante el casamiento. No se le veía el rostro. ¡Algunos padres deben haber comenzado esta tradición para librarse de sus hijas! Bueno, Labán decidió que no podía permitir que la hija más joven se casara antes que la mayor, Lea. Así que intercambió las novias. Por todos los velos, el pobre Jacob no pudo verle la cara y recién se dio cuenta de que tenía a la muchacha equivocada a la mañana siguiente.

Cuando obtenemos nuestro merecido

¡Alguien engañó al gran «engañador»! Descubrió lo que se sentía cuando a uno lo toman por tonto. Se quejó con Labán: «¿Qué me has hecho? ¡Me diste a Lea, yo quería a Raquel!». Pero era demasiado tarde. Entonces, Jacob cometió su próximo gran error. En lugar de buscar la voluntad de Dios o esperar para ver si quizás Él había escogido a Lea, tomó una decisión y creó otro problema. Si lees todo Génesis 29, descubrirás que Jacob decidió sin siquiera orar o consultar con Dios.

Decidió casarse con las dos muchachas. Accedió a trabajar siete años más por Raquel. Pero se casó con ella apenas terminó la semana nupcial con Lea (v. 28). Ahora, Jacob estaba casado con dos hermanas celosas. En un intento de ganar su favor, entraron en el mayor concurso de maternidad de la historia de la humanidad. En ocho años, Jacob tuvo doce hijos y una hija.

Desde el principio, la familia de Jacob estuvo dividida. El favoritismo y la rivalidad gobernaban la casa. Era mucho peor que lo que habían experimentado Esaú y él en su infancia.

Los varones, por naturaleza, tienden a arreglar las cosas. Cuando mi esposa me cuenta un problema, en general solo pretende que la escuche. Pero yo no quiero escuchar. Quiero arreglar la situación. Nos gusta sentir que somos capaces de arreglar cualquier problema en nuestra familia. Sin embargo, el mayor problema es que a veces no podemos ver el plan de Dios, y es imposible arreglar lo que no se ve.

Jacob no veía el plan de Dios para su vida con Lea. Lo único que percibía era un problema… ¡tenía la esposa equivocada! No se dio cuenta de que Lea sería la madre de Judá. Y del linaje de este hijo vendría David, y a su vez de esa línea provendría Jesús: el cumplimiento supremo de la promesa divina. ¡Así es! ¡Jesucristo vino de Lea y no de Raquel!

Pero como Jacob volvió a interferir, todo salió mal. No solo quedó dividida su propia familia, sino que Labán se enojó con él. Los catorce años de trabajo por fin pasaron. Labán comenzó a pagarle a Jacob por su trabajo pero, injustamente, le cambiaba el salario y lo engañaba cada vez que podía. Entonces, se quejaba de que Jacob le robaba ganado y lo engañaba. Una vez más, ¡la vida de Jacob era un desastre!

De regreso a Dios

A pesar de sus enredos, Dios bendijo a Jacob como había prometido e hizo que sus manadas y sus riquezas se multiplicaran. Entonces, Dios se le apareció para recordarle que aún estaba con él, y le aseguró: «Yo soy el Dios de Betel, donde ungiste una estela y me hiciste una promesa. Vete ahora de esta tierra, y vuelve a la tierra de tu origen» (Gén. 31:13). Dios no le dijo literalmente: «Vuelve a Betel», pero este mandato supone que era hora de que Jacob regresara a la «casa de Dios».

En lugar de confiar en Dios y enfrentar a Labán, Jacob escapó mientras su tío estaba de viaje. Labán lo persiguió, pero Dios lo convenció de que dejara ir a Jacob y a toda su familia. ¡Sorpresa! ¡Dios cambió el corazón de Labán! Podría haberlo hecho de otra forma, pero Jacob no quiso esperar los tiempos de Dios. En cambio, huyó… de la misma manera en que había huido de Esaú.

Mientras regresaba a Canaán, pensó en otro problema… ¡Esaú! ¿Y si su hermano todavía quería matarlo? Una vez más, Jacob no consultó con Dios. En cambio, envió mensajeros delante de él para hablar con Esaú y averiguar si seguía enojado. Los mensajeros regresaron y le informaron: «Su hermano Esaú viene a su encuentro, acompañado de 400 hombres». ¡Cuatrocientos hombres! ¡Jacob estaba aterrado! Entonces, hizo algo sumamente valiente y heroico. Envió a sus esposas y a sus hijos adelante, mientras él se quedó atrás.

Esa misma noche, el ángel de Jehová se le apareció y luchó con él cuerpo a cuerpo. Pelearon toda la noche, mientras Jacob afirmaba: «No te soltaré hasta que me bendigas». Ya era culpable de robar la bendición de su hermano, y ahora luchaba para mantener la de Dios en su vida. ¡Pero no era la manera correcta! Quería obtener la bendición por su cuenta. Y no es algo que se pueda ganar por mérito propio. Él la otorga por gracia.

El ángel al fin lo bendijo, y le anunció: «Ya no te llamarás Jacob, sino Israel» (Gén. 32:28), que significa «un príncipe con Dios». Además, se transformó en el nombre de la nación escogida de Dios. Jacob se fue de este encuentro rengueando.

Su condición física fue alterada como recordatorio de que había luchado con Dios. Además, esto fue para recordarle que el Señor cumpliría Su promesa a pesar de las equivocaciones de Jacob. Durante el resto de su vida, a Jacob le costaría esperar los tiempos de Dios, pero Él cumpliría Su promesa de transformarlo en una nación poderosa.

Más adelante, Jacob alcanzó a su familia y por fin se encontró con Esaú. Habían pasado 20 años. Esaú corrió hacia él y lo abrazó y lloró. Evidentemente, Dios había cambiado su corazón.

Luego de saludarlo, Esaú preguntó: —¿De quién son estos hijos?

—¡Son míos! —respondió Jacob.

—No podrás meter todos estos chicos en la casa de papá —replicó Esaú probablemente—. ¿Por qué no te mudas conmigo a Edom?

Jacob pensó: *¡Ni loco me acerco a ese lugar! ¡Si voy allí solo con él, intentará matarme!* Otra vez, Jacob no le preguntó a Dios. En cambio, habló con Esaú: «Ve primero y avísale a tu familia que nos dirigimos allí. Llegaremos en unos días».

Después, Jacob dio la vuelta y se dirigió en dirección opuesta. Para entonces, estaba a solo unos 15 km (10 millas) de Betel, pero en lugar de ir allí, volvió y fue 30 km (20 millas) al norte. Otra vez, tomó cartas en el asunto. Además, ¿qué podía salir mal?

Jacob se instaló con su familia a las afueras de la impía ciudad cananea de Siquén, y todo salió mal. Raptaron y violaron a su hija Dina, y luego, sus hijos mataron a todos los hombres de la ciudad para vengarse. ¡Otra vez Jacob estaba en problemas! Y tuvo que volver a huir por su vida.

Un compromiso completo

Por último, desesperado, Jacob clamó a Dios. Y Él se le apareció otra vez. «Ve hasta Betel e instálate allí, y edifica un altar a Dios», le instruyó el Señor. Además, le pidió que pusiera orden en su familia. «Desháganse de todos los dioses extraños», les dijo, «y cámbiense de ropa».

Esta vez, Jacob escuchó. Reunió a su familia y exigió que dejaran atrás a sus ídolos, que se cambiaran las vestiduras y comenzaran a actuar como pueblo de Dios. Por fin se transformó en el líder que Dios quería. Así, marchó con su familia de regreso a Betel.

Era hora de volver a la «casa de Dios». Jacob había estado lejos demasiado tiempo. Se había acercado, pero no lo suficiente. Esta vez se lo tomó en serio y se comprometió por completo con Dios.

Cuando llegó a Betel, edificó un altar al Señor. Pero esta vez, no lo llamó Betel, sino El Betel, que significa «el Dios de la casa de Dios» (Gén. 35:7). Jacob le dejó en claro a su familia que no solo «volvía a la iglesia». Regresaba al Señor. Volvía al Dios de «la casa de Dios».

Desde entonces, el Señor comenzó a transformar la vida de Jacob.

Jacob tuvo que descubrir que volver a la casa de Dios no cambiaría su vida, pero regresar a Dios sí.

Al final de su vida, afirmó: «Mis años […] han sido pocos y difíciles» (Gén. 47:9). Dios tenía un plan para él incluso antes de que naciera. Por desgracia, Jacob interfirió y causó sufrimientos innecesarios en su vida. En lugar de esperar a que Dios le diera la bendición, la tomó por engaño. A cambio, él mismo fue engañado por Labán y más tarde, por sus propios hijos.

Pasó años huyendo por su vida, en lugar de confiar en las promesas de Dios. Sin embargo, el Señor con gracia lo buscó hasta que lo trajo a casa. Y ese mismo Dios te buscará hasta que te rindas a Su voluntad y Su plan para tu vida.

Fue la Persona, y no el lugar, lo que le cambió la vida de Jacob. De manera similar, asistir a una iglesia, ofrecerse a colaborar como ujier, o cantar en el coro son cosas buenas. Pero no te cambiarán la vida. Volver a la iglesia puede ser el primer paso en la dirección correcta, pero es solo el primer paso. Quizás debas volver al mismo Dios.

Para preguntarse

1. ¿Qué cosas amenazan con dividir tu familia?
2. ¿Eres parte de la solución o parte del problema?
3. ¿Tu relación con Dios es lo que debería ser en este momento?
4. ¿Tu relación con la casa de Dios (la iglesia local) es lo que debería ser en este momento?
5. Toma un momento para reflexionar en el momento y el lugar en que conociste a Dios.
6. ¿Qué obstáculos o dificultades aparecieron en tu vida desde entonces?
7. ¿Todavía no se ha resuelto alguno de estos inconvenientes?

Para poner en práctica

Si pudieras cambiar el resultado de tu vida, ¿qué harías de otra manera?

_____

_____

_____

Reflexión final

La grandeza de un hombre no se determina por su talento ni su riqueza, como hace el mundo, sino por lo que hace falta para desalentarlo.

—JERRY FALWELL

Cuando los sueños y los héroes se desvanecen:
Cómo empezar de nuevo cuando todo se derrumba

Bob y Sandy parecían tener la típica familia estadounidense: dos hijas, excelentes empleos, una buena posición económica, cierto éxito y seguridad financiera… Todo aparentaba estar bien. Entonces, cayó la bomba. Ella se fue con el mejor amigo de su esposo.

«Quedé tan pasmado que ni siquiera supe cómo lidiar con el asunto», me confesó Bob. «Estaba en un estado de absoluta confusión. ¡Me sentía completamente abandonado!».

Sandy se divorció de Bob. Con el tiempo, se casó con el amigo de Bob, que estaba en el ejército. Se llevaron a sus dos hijas y los transfirieron a Islandia. Durante los próximos cinco años, Bob no volvió a verlos.

Cuando pudo interactuar con sus hijas, ya habían crecido. El tiempo y la distancia colocaron una barrera. Cuando podía verlas, se sentía un extraño entre ellas. No comprendía por qué. Supuso que ellas ya no querían relacionarse con él.

Años más tarde, cuando sus hijas se casaron, Bob por fin comenzó a comprender lo que había sucedido. Él se había sentido abandonado por su esposa, pero sus hijas habían sentido que él las había abandonado. Nunca lo veían. Entonces, perdieron el contacto.

Recién en la adultez, las muchachas comenzaron a darse cuenta de que su madre las aislaba de su padre. No quería tener que lidiar con Bob. Así que ella (y las muchachas) permanecieron lejos… a propósito. En la mente de las niñas, papá había desaparecido de sus vidas.

La verdadera tragedia del divorcio es el daño que causa a tantas personas. Bob se sintió abandonado por su esposa. Las niñas se sintieron abandonadas por su papá. Y Bob se sintió abandonado por sus propias hijas.

El abandono, cualquiera sea la razón, produce heridas tan profundas que son difíciles de tratar. El que haya sido herido por el rechazo, la traición o el divorcio, conoce el dolor del abandono. Uno se siente indefenso, sin consuelo, y completamente solo.

La mayoría de nosotros no reacciona bien frente a esta clase de dolor. Las personas heridas suelen herir a otros. Queremos venganza; desahogarnos con alguien. A menudo, nos transformamos en un barril explosivo de sentimientos listo para estallar.

El niñito de papá

La historia de José es única. Era el hijo de Jacob y Raquel: el primogénito de ella y el favorito de él. Lo más lógico sería que, después de todo lo que Jacob pasó, hubiese tenido más cuidado, pero no fue así. Los hijos de Lea eran tal desilusión para él que siempre favorecía a José sobre los otros.

José tuvo la ventaja de crecer luego del cambio espiritual de su padre en Betel. A diferencia de sus medios hermanos, que habían presenciado el estilo de vida insidiosa y manipuladora de Jacob, José conocía a un padre cuya vida había sufrido una transformación drástica de parte de Dios. Así que creció respetando a su padre, y siguió el ejemplo piadoso de Jacob.

Los hermanos de José eran completamente distintos. Eran mentirosos, engañadores, manipuladores... ¡y esas eran algunas de sus mejores cualidades! Incluso habían cometido asesinato. Por el contrario, José era un «santurrón» y un «niñito de papá». Así que inevitablemente, habría problemas.

Con el tiempo, la familia dejó Betel y migró al sur hacia Belén (Gén. 35:16-20). En el camino, Raquel, que estaba embarazada, tuvo a su segundo hijo, Benjamín. No obstante, murió durante el parto. Jacob quedó destrozado por la pérdida de su esposa favorita y José experimentó los primeros dolores del abandono.

Para contrarrestar la pérdida de Raquel, Jacob llenó a José de regalos, como su túnica de colores. Este favoritismo solo hizo que sus medios hermanos le tuvieran más celos. Y luego, José tuvo sueño tras sueño en los cuales sus hermanos lo adoraban, lo cual empeoró las cosas.

El sueño se transforma en pesadilla

Cuando José tenía 17 años, una crisis cambió su vida para siempre. Sus diez hermanos llevaron las manadas de la familia al norte, a pastar cerca de Siquén. Luego de un tiempo, Jacob le pidió a José que fuera a ver cómo estaban sus hermanos y las ovejas.

Cuando llegó a la región, le informaron que sus hermanos se habían ido a Dotán, así que fue a buscarlos. Pero cuando lo vieron venir, les molestó tanto la intromisión que intentaron matarlo.

«Ahí viene ese soñador», gritaron. «Vamos a matarlo y echarlo en una de estas cisternas, y diremos que lo devoró un animal salvaje. ¡Y a ver en qué terminan sus sueños!» (Gén. 37:19,20).

Rubén, el mayor, intentó rescatarlo en vano. Entonces, Judá sugirió que lo vendieran a una caravana de mercaderes ismaelitas que pasaba. Todos estuvieron de acuerdo. Y a José lo vendieron como esclavo por 20 piezas de plata.

Para cubrir sus ganancias ilícitas, los hermanos rompieron la túnica colorida de José y la empaparon con la sangre de un cabrito. Cuando Jacob vio la túnica ensangrentada, supuso que un animal salvaje se había comido a José. Otra vez, engañaron al engañador, esta vez sus propios hijos.

El dolor de Jacob era tan grande que no quiso que lo consolaran. Sollozaba sin poder controlarse. «Guardaré luto hasta que descienda al sepulcro para reunirme con mi hijo», insistía (Gén. 37:35).

Jacob siguió agonizando por este engaño durante 20 años. Fue la misma cantidad de tiempo que estuvo separado de sus propios padres cuando huyó de Esaú. Mientras tanto, José tenía sus propios problemas.

Del pozo a la prisión

Los ismaelitas vendieron a José como esclavo en Egipto. Por providencia divina, lo compró Potifar, un funcionario egipcio que era el capitán de la guardia del Faraón. Lo llevaron a la casa de Potifar, donde pronto lo pusieron como jefe de los mayordomos, y administrador personal de los asuntos de su amo.

Pero pronto, surgieron problemas. La esposa de Potifar se fijó en José. Quizás estaba aburrida y se sentía descuidada por su ocupado esposo, o tal vez le atraía el apuesto físico de José. Cualquiera fuera la razón, se arriesgó a comunicarle sus sentimientos.

«Acuéstate conmigo», le sugirió.

Pero José se negó. Ya había presenciado suficiente dolor en su propia familia por amoríos ilícitos, con Dina y con Judá (ver Génesis 34 y 38).

«¿Cómo podría yo cometer tal maldad y pecar así contra Dios?», protestó (Gén. 39:9).

El relato bíblico indica que ella lo perseguía día tras día. La mayoría de los hombres habría cedido ante la tentación: *Potifar no está. No hay nadie en la casa. Somos adultos. Además, ella lo necesita. ¿Por qué no? No le haría mal a nadie.*

José no pensaba así. Permaneció firme y rechazó sus avances día tras día. Ahí vemos de qué estaba hecho este joven. La profundidad de su carácter era impecable, y su confianza en Dios, increíble. La mayoría de los hombres habrían demostrado amargura. Habrían culpado a Dios y luego cedido a la tentación.

El carácter humano se prueba cuando perdemos el punto de apoyo en nuestra vida. Allí se ve desafiada nuestra fe en Dios: *¿Puedo seguir confiando después de todo lo que ha sucedido? Si verdaderamente Dios me ama, ¿cómo puede permitir esto? ¡Vivir para Él no da resultados!*

Como José seguía rechazando a la esposa de Potifar, ella se volvió en su contra con venganza. Se le arrojó encima. Pero él salió corriendo, dejando su manto en manos de ella. ¡Otra vez su ropa lo metió en problemas! Enojada por el rechazo, acudió a su esposo y acusó falsamente a José de intentar seducirla.

Su condición de esclavo lo hacía sumamente susceptible a una acusación. José no tenía recursos legales. Lo condenaron y lo arrojaron al calabozo real. Pero incluso allí, José no quiso volverse contra Dios. Se transformó en el prisionero modelo. Con el tiempo, lo nombraron asistente del guardia de la cárcel.

De la prisión al palacio

No sabemos los tiempos exactos de los detalles de la vida de José. Lo que sí sabemos es que sus hermanos lo vendieron cuando tenía 17 años (Gén. 37:2), y que languideció en la prisión hasta los 30 (Gén. 41:46). Pasaron trece años hasta que obtuvo su gran oportunidad.

Piensa en todo lo que pasó José:

1. La dolorosa muerte de su madre.
2. El resentimiento y los celos de sus hermanos.
3. La traición y el abandono de su familia.
4. La humillación de la esclavitud.
5. La falsa acusación y el encarcelamiento.

A pesar de todo, nunca dejó de creer en Dios. No había rastro de amargura u hostilidad en él. En cada situación, José se sobreponía a las circunstancias por el poder de Dios.

Génesis 40 registra la historia del encarcelamiento del copero y el panadero del Faraón, y su encuentro personal con José. Él interpretó sus sueños y les rogó que defendieran su inocencia ante el Faraón. Aunque las interpretaciones se cumplieron, el copero se olvidó de José durante dos años. Por fin, hubo un cambio cuando el mismo Faraón tuvo un sueño perturbador (Gén. 41:1).

El copero le contó al Faraón sobre la capacidad de José para interpretar sueños, y el monarca emitió un decreto real para liberar a José de la prisión. Rápidamente, José se afeitó y se puso las túnicas de lino blanco apropiadas en Egipto para comparecer ante el rey.

«Me he enterado de que, cuando tú oyes un sueño, eres capaz de interpretarlo», inquirió Faraón.

«No soy yo quien puede hacerlo» –respondió José– «sino que es Dios quien le dará al faraón una respuesta favorable» (Gén. 41:15,16).

Faraón había soñado con siete vacas gordas y siete vacas flacas. José interpretó que significaban siete años de prosperidad, seguidos de siete de hambruna. No solo le dio al monarca un vistazo al futuro, sino que también le proporcionó consejo administrativo.

«Por todo esto, el faraón debería buscar un hombre competente y sabio, para que se haga cargo de la tierra de Egipto», sugirió (Gén. 41:33). José también le aconsejó que guardara la quinta parte (el 20%) de la cosecha anual durante los años de abundancia. Así habría suficiente reserva para los años de hambre en el futuro.

A Faraón le impresionó tanto el consejo de José que lo nombró gran visir de Egipto. José supervisaría personalmente la gran tarea de recolectar, almacenar y distribuir los granos.

«¿Podremos encontrar una persona así, en quien repose el espíritu de Dios?» preguntó Faraón. «No hay nadie más competente y sabio que tú», añadió. En una de las más espectaculares inversiones de papeles del destino, José pasó de la prisión al palacio instantáneamente. ¡Es imposible no preguntarse lo que habrán pensado Potifar y su esposa!

Si pudieran verme ahora

De la noche a la mañana, todo cambió para José. Basta de noches intranquilas en el calabozo… ahora dormía en el palacio. Basta de ropas harapientas… ahora se vestía con túnicas reales y andaba en el carruaje del castillo. Hasta le dieron un nombre egipcio y una esposa egipcia (Gén. 41:45). Era un tipo importante. ¡Si sus hermanos pudieran verlo!

Así como había predicho, llegaron los siete años de abundancia. Y José almacenó tanto cereal que le costaba llevar la cuenta. Luego, vino la hambruna, y José les vendió granos a los egipcios, lo cual aumentó en gran manera la riqueza del Faraón. Con el tiempo, la gente comenzó a ir de otros países a comprar alimento.

José ya tenía 37 años. Habían pasado 20 años desde la última vez que vio a su familia. Pero en todo ese tiempo difícil, Dios no se había olvidado de él, ni había olvidado la promesa. Es más, si José no hubiera ido a Egipto, todo podría haberse perdido. Dios preservaría a toda la familia mediante la provisión de José.

La hambruna fue tan severa que alcanzó a Canaán (Gén. 42:1,2). Jacob envió a diez de sus hijos a Egipto a comprar alimento, pero Benjamín se quedó con él. Cuando sus hermanos llegaron a Egipto, José inmediatamente los reconoció, pero ellos no se dieron cuenta de quién era. Parecía un egipcio, caminaba y hablaba como un egipcio.

—¿De dónde vienen? —les preguntó con dureza mediante un intérprete.

—Venimos de Canaán, para comprar alimento —respondieron.

—¡Son espías! —insistió José.

—¡No! —contestaron—. «Nosotros, sus siervos, éramos doce hermanos, todos hijos de un mismo padre [...] El menor se ha quedado con nuestro padre, y el otro ya no vive —añadieron» (Gén. 42:13).

José entonces les informó que uno de ellos debería quedarse atrás como rehén, mientras los demás regresaban a Canaán a buscar al hermano menor.

—Tráiganme a su hermano menor —insistió José.

Los hermanos se miraron y dijeron: «Sin duda estamos sufriendo las consecuencias de lo que hicimos con nuestro hermano». Entonces, hablaron de lo que habían hecho muchos años antes y de la culpa que sentían.

Mientras tanto, José escuchó todo, sin dejarles ver que entendía lo que decían. Por último, no pudo resistirlo más y comenzó a llorar. Pero se fue a otra parte, para proteger su secreto.

Malas noticias y más malas noticias

José mantuvo rehén a Simeón. A menudo me pregunté si habrá sido el que peor trató a José en el pasado. Mientras tanto, los demás hermanos emprendieron el camino de regreso. Llevaban sus costales llenos de alimento, y descubrieron que les habían devuelto el dinero. Pero cuando llegaron a casa sin Simeón, ¡Jacob se puso como loco!

«¡Ustedes me van a dejar sin hijos! José ya no está con nosotros, Simeón tampoco está aquí, ¡y ahora se quieren llevar a Benjamín! ¡Todo esto me perjudica!» (Gén. 42:36).

Las apariencias evidenciaban que, en verdad, todo *perjudicaba* a Jacob. Pero en realidad, Dios estaba obrando a su *favor*. Utilizaba cada circunstancia para cumplir Su voluntad y Su propósito en la vida de Jacob y toda su familia. Todo comenzaba a integrarse como en una gran obra maestra.

De mala gana, al final Jacob accedió a dejar que Benjamín regresara a Egipto con sus otros hijos. Era un riesgo. Benjamín era el hermano de José... el otro hijo de Raquel. Jacob no podía pensar en perderlo también. Pero Judá habló y prometió personalmente garantizar su seguridad.

«¡Que el Dios Todopoderoso permita que este hombre les tenga compasión!», gimió Jacob. «En cuanto a mí, si he de perder a mis hijos, ¡qué le voy a hacer! ¡Los perderé!» (Gén. 43:14). Ya había experimentado tanto dolor que por fin entregó todo en manos de Dios.

Cuando llegaron a Egipto, José estaba ansioso de verlos. Pero no soportó ver a Benjamín. Otra vez, salió corriendo y se fue a llorar. Cuando volvió, intentó parecer duro con ellos otra vez. Pero Judá suplicó misericordia, y hasta se ofreció como esclavo si José prometía no perjudicar a Benjamín.

Judá le rogó a José, y le comunicó lo que había dicho su padre: «Si también se llevan a éste, y le pasa alguna desgracia, ¡ustedes tendrán la culpa de que este pobre viejo se muera de tristeza!» (Gén. 44:29). Le explicó que como su padre amaba tanto al muchacho, moriría si Benjamín no regresaba.

La verdad sale a la luz

José no pudo soportar el dolor que expresaban sus hermanos. Por fin, rompió en llanto frente a ellos y les confesó quién era.

«Yo soy José. ¿Vive todavía mi padre?», preguntó.

¡Se quedaron pasmados! Los diez hombres permanecieron conmocionados y en silencio.

¡José! ¿El primer ministro de Egipto? ¿El gran visir de toda la tierra? ¿El segundo al mando del Faraón?

«¡Acérquense!», les pidió. «Yo soy José, el hermano de ustedes, a quien vendieron a Egipto. Pero ahora, por favor no se aflijan más ni se reprochen el haberme vendido, pues en realidad fue Dios quien me mandó delante de ustedes [...] para salvarles la vida de manera extraordinaria y de ese modo asegurarles descendencia sobre la tierra» (Gén. 45:4-7).

Explicó que el hambre duraría siete años. Luego, les pidió que regresaran a casa e insistió que Jacob y toda la familia se mudaran a Egipto para sobrevivir.

Les indicó que le dijeran de su parte a Jacob: «Dios me ha hecho gobernador de todo Egipto. Ven a verme. No te demores». Entonces, los llenó de provisiones para el viaje a casa. Envió una caravana de 20 asnos y carros.

Los hermanos tuvieron que confesarle a su padre que lo habían engañado todos esos años.

«¡José vive, José vive! ¡Es el gobernador de todo Egipto!», anunciaron (Gén. 45:26).

Jacob estaba tan aturdido que al principio no les creyó. Pero a medida que relataban la historia, comprendió que era verdad; y su espíritu revivió. Los ojos envejecidos se llenaron de nueva esperanza. El engaño por fin había terminado. El engañador se sintió aliviado. La verdad había salido a la luz.

«¡Con esto me basta! ¡Mi hijo José aún vive! Iré a verlo antes de morirme», gritó (Gén. 45:28).

¡Qué imagen digna de ser vista! Empacaron sus pertenencias, desmontaron sus tiendas, reunieron el ganado, y 70 personas salieron de Berseba hacia Egipto. El entusiasmo y la expectativa latían en cada corazón. Los hombres, las mujeres y los niños que se transformarían en la nación de Israel se dirigían a una cita con el destino.

Esta vez, Jacob no huía por su vida; viajaba con estilo. Su hijo era el primer ministro de Egipto. Iba a conocer al Faraón. Pero más que nada, volvería a ver cara a cara a su amado José.

Cuando Jacob llegó, José lo abrazó y lloró un largo rato. El hijo que supuestamente había muerto estaba vivo. Jacob al fin estaba satisfecho.

«¡Ya me puedo morir! ¡Te he visto y aún estás con vida!», afirmó Jacob.

Seguramente fue un reencuentro maravilloso. No solo entre padre e hijo, sino la reunión de toda una familia. Y en ella, la promesa seguía viva.

Bien está lo que bien acaba

Se establecieron en una zona fértil al norte de Egipto. Allí, prosperaron y se multiplicaron. Dios revirtió la hostilidad de los hermanos y la transformó en bendición. Triunfó sobre su iniquidad y puso a José como gobernador de Egipto.

Varios años después, Jacob falleció. Lo embalsamaron, y una procesión real llevó sus restos de regreso a Canaán, al sepulcro de Abraham e Isaac. Las andanzas de Jacob se habían terminado. Al fin regresaba a casa. ¡Y qué regreso maravilloso!

Dios sigue dedicándose a proporcionar finales felices. Sigue tomando vidas destruidas y las reconstruye para Su gloria. ¿Recuerdas a Bob, al principio del capítulo? Dios lo sostuvo a través del divorcio y la separación de sus hijas. Más adelante, volvió a casarse y comprometió su vida al servicio a tiempo completo. Hoy, es uno de los ministros para solteros más importantes de la nación. Y su matrimonio es un modelo de amor y devoción cristiano.

Quizás sientas que alguna crisis personal destruyó tu vida. Pero Dios puede dar vuelta las cosas para Su gloria. ¡Confía en Él! Ya está encargándose de todo.

Para preguntarse

1. ¿Alguna vez te sentiste traicionado o abandonado?
2. ¿Cómo reaccionaste? ¿Cómo manejas esta situación ahora?
3. ¿Estás frente a alguna circunstancia que parece imposible?
4. ¿Es Dios el mismo de la época de José? ¿Podrá hacer lo imposible por ti?
5. ¿Hay algún conflicto en tu familia que tiene que resolverse?
6. ¿Qué pasos querrá Dios que des para ayudar a solucionarlo?
7. Si miraras atrás, ¿qué habrías hecho de otra manera?

Para poner en práctica

Enumera las veces en que Dios hizo lo imposible por ti. ¡Y confía en que volverá a hacerlo!

_____

_____

_____

Reflexión final

La fe es el arte de aferrarse a ciertas cosas a pesar de tus estados de ánimo y tus circunstancias cambiantes.

—C. S. Lewis

El liderazgo exitoso:
Cómo superar el pasado

Todos fracasan tarde o temprano. El fracaso es parte normal de la vida humana. En el camino de la vida, hay cuestiones que preferiríamos dejar atrás: pecados, miedos, errores, desilusiones y angustias.

Esta es una cuestión especialmente difícil para los líderes. No queremos fracasar. Es más, tenemos miedo del fracaso porque hemos visto lo que les hace a los demás. Y respecto a todas esas charlas sobre aprender de nuestras fallas… ¡olvídalo! No queremos nada de eso. ¡Pero sucede! Nos encontramos cara a cara con el fracaso y con nosotros mismos.

Es la parte más difícil de lidiar con el fracaso: enfrentarnos a nosotros mismos. Es sumamente duro tratar con el fracaso. No lo queremos en nuestra vida. No queremos admitirlo. No queremos tener nada que ver con él.

Ahí entra Dios. Transforma a los fracasados en líderes. Tomemos a Moisés, por ejemplo.

El libro de Éxodo relata que los israelitas prosperaron en Egipto, incluso luego de la muerte de Jacob y José. Pero con el tiempo, surgieron los problemas. La Biblia explica: «Pero llegó al poder en Egipto otro rey que no había conocido a José» (Ex. 1:8). Fue el comienzo de los problemas. Por así decirlo, había un presidente nuevo en la empresa. Y no sabía nada del buen trabajo de los antiguos administradores y empleados. Así que empezó a hacer limpieza.

Es más, surgió una nueva dinastía de faraones. Todas las políticas anteriores fueron revocadas, y los israelitas se transformaron en el objetivo de muchos de esos cambios. Muchos eruditos creen que estos nuevos gobernantes eran los hicsos: extranjeros que gobernaron Egipto por un breve tiempo. Eso explicaría por qué les preocupaba que los israelitas se multiplicaran tanto.

El nuevo Faraón oprimió a los israelitas y los esclavizó. Los redujo a trabajo forzoso: los puso a trabajar en el campo, a fabricar ladrillos y a edificar. No obstante, siguieron multiplicándose. Entonces, Faraón ordenó a las parteras hebreas que mataran a todos los bebés varones. Si se negaban, los egipcios debían arrojar a los niños al río Nilo. En medio de esa situación desesperante nació Moisés.

Las épocas desesperantes exigen medidas desesperadas

Una pareja de la tribu de Leví (quienes se transformarían en la familia sacerdotal) tuvo un bebé. Como no querían que se muriera, lo escondieron durante tres meses. Al final, la madre desesperada preparó una cesta de papiro, la recubrió de brea, colocó al bebé adentro, y lo puso en el río Nilo, escondido entre los juncos. Por desesperación, hizo lo que sintió que era necesario. Lo dejó en manos de Dios.

Mientras tanto, la hija del Faraón fue al río a bañarse y encontró la cesta. Todos hemos escuchado la historia de «Moisés y los juncos» desde que éramos niños. Cuando era pequeño, yo pensaba que se llamaba «Moisés entre dos juntos». Es la historia de un niño que nació en la pobreza y la esclavitud, fue descubierto por la hija del Faraón, y criado como un príncipe en medio de riquezas y esplendor.

Como los egipcios consideraban que el río Nilo era un dios, la princesa pensó que el niño era un regalo de dios (probablemente de Hapi, el «espíritu» del Nilo). El llanto del bebé le conmovió el corazón. Lo «adoptó» como propio y le puso Moisés, por el nombre real del Faraón (Tut*mosis*). Sin duda, esperaba que su hijo gobernara algún día Egipto como el nuevo Faraón.

Tal vez hayas leído alguna vez en los periódicos el debate sobre quién ascenderá al trono de Inglaterra a continuación. ¿Este o aquél será el próximo rey? ¿Y la reina? En otros países, nos cuesta imaginar la intensa ansiedad de las antiguas familias reales, sobre quién sería el próximo rey.

Moisés tenía la mejor educación, capacitación militar y social que el dinero podía comprar. Parecía un egipcio, caminaba y hablaba como un egipcio. Sin embargo, su corazón estaba con el pueblo de Israel. Cuando vio que un egipcio golpeaba a un hebreo, no pudo contenerse. Intentó intervenir y, en un descuido, mató a un egipcio. Esa era una ofensa penada con la muerte, incluso para un miembro de la familia real.

Moisés, que había pasado años disfrutando de la buena vida en el palacio, tuvo que huir por su vida. Se escapó de Faraón al desierto de Sinaí, y llegó a la tierra de Madián. Allí permaneció 40 años. Nació en la pobreza, se crió en la prosperidad, y terminó viviendo en el anonimato en el desierto. Era casi como si Dios hubiera desistido de él. Pero en realidad, lo estaba preparando para un ministerio aun mayor y más efectivo en el futuro.

Si en algún momento la promesa pareció desvanecerse, fue durante esos años difíciles en el desierto. Toda esperanza parecía estar perdida. Los israelitas eran esclavos. Moisés estaba exiliado. Y Dios permanecía en silencio.

Pero no todo estaba perdido. Dios no había abandonado a Su pueblo. Éxodo 2:24-25 afirma que Dios, «al oír sus quejas se acordó del pacto […]. Fue así como Dios se fijó en los israelitas y los tomó en cuenta». Tres cosas sucedían mientras parecía que no pasaba nada:

1. Dios oyó.
2. Dios se acordó.
3. Dios se fijó.

Y luego, ¡Dios llamó!

Aprende de tus errores

Cada vez que leo la historia de Moisés, recuerdo que no importa de dónde provengas. Puedes beneficiarte de tu historial o superarlo. Quizás vengas de un ambiente próspero. Para algunos, es una bendición. Para otros, una maldición. O puedes provenir de un ambiente de mucha pobreza. Quizás hayas tenido que aprender a abrirte paso en la vida.

Yo vengo de una larga línea de camioneros. Mi padre era camionero. Mis tíos eran todos camioneros. Mi abuelo era camionero y mi bisabuelo conducía carros. Hasta donde podemos recordar, todos los hombres de la familia fueron camioneros.

Mi papá dejó la escuela en noveno grado. Mi madre, en décimo grado. Creí en una familia indocta. Hoy, tengo siete títulos. A menudo, la gente me pregunta: «¿No estudiaste suficiente ya?». Mi respuesta: «Estoy intentando compensar el historial familiar». Pero una de las cosas que he observado en la vida es la siguiente: como crecí en el hogar de un camionero, los estudios nunca me hicieron perder el contacto con la persona promedio. En mi familia, se hablaba en «camionero»: «¿Adónde está la comida? ¿Qué hay para cenar? ¡Apúrate!».

Dios siempre usa tu pasado, incluso con sus limitaciones, para prepararte para lo que quiere hacer en tu vida. Creo que

Dios me ha llamado a comunicar Su palabra a las personas comunes y corrientes de manera que puedan comprender a pesar de toda mi educación. Valoro la educación que recibí. Pero hablo como una persona sencilla, porque así me criaron.

No importa cuál sea tu historial. Mira a Moisés, el hijo de un esclavo. Su cuna fue una cesta a la deriva por el río Nilo. Lo recogió la hija del Faraón y se crió en el palacio, en medio de los mayores lujos de su época. Y ahora, termina en medio del desierto, en completo anonimato.

Una segunda oportunidad

Luego de 40 años de cuidar los rebaños de su suegro, Moisés se encontró con Dios en el desierto. Fue al monte Sinaí y vio una zarza que ardía con fuego pero no se consumía.

Esta captó su atención, y pensó: «¡Qué increíble! Voy a ver por qué no se consume la zarza». No es inusual que un arbusto con un alto contenido fosfórico se prenda fuego en el desierto. Pero lo normal es que se queme por completo. Esta zarza seguía ardiendo y ardiendo porque contenía la presencia misma de Dios. La *shekináh* –gloria– del Todopoderoso se había instalado allí.

Moisés no se dio cuenta de esto y se acercó a la montaña para mirar la zarza de cerca. La Biblia relata que el ángel del Señor se le apareció en medio de la zarza ardiente. Le anunció a Moisés: «Quítate las sandalias, porque estás pisando tierra santa. Yo soy el Dios de tu padre. Soy el Dios de Abraham, de Isaac y de Jacob» (Ex. 3:5,6).

Dios explicó lo que había estado haciendo mientras Moisés estaba desalentado. «Ciertamente he visto […] he escuchado […], y conozco bien […]. Así que he descendido para librarlos…» (Ex. 3:7-8). Esta era una buena noticia para Moisés. Sin embargo, lo que siguió le pareció absurdo.

«Así que disponte a partir. Voy a enviarte al faraón para que saques de Egipto a los israelitas, que son mi pueblo», le pidió Dios (Ex. 3:10).

Cuarenta años atrás, había salido corriendo, adelantándose a los planes de Dios. Ahora, ni siquiera quería moverse. Entonces, comenzaron a fluir las excusas. Moisés argumentó que era:

1. *Inadecuado.* «¿Y quién soy yo para presentarme ante el faraón?» (Ex. 3:11).
2. *Ignorante.* «¿Qué les respondo?» (Ex. 3:13).
3. *Inseguro.* «¿Y qué hago si no me creen?» (Ex. 4:1).
4. *Inferior.* «Nunca me he distinguido por mi facilidad de palabra [...] me cuesta mucho trabajo hablar» (Ex. 4:10).
5. *Insuficiente.* «Señor [...] te ruego que envíes a alguna otra persona» (Ex. 4:13).

Cuando Dios toma el control

Por fin, Moisés se dio por vencido y escuchó.

Dios declaró: «Y esto es lo que tienes que decirles a los israelitas: "Yo soy me ha enviado a ustedes"» (Ex. 3:14). Yo soy el Dios que siempre fue, que siempre es y siempre será. Soy el Dios que está eternamente presente. Soy el gran Dios eterno. Yo soy, ese es el nombre que usarás. Y mi pueblo sabrá a quién te refieres. Yo soy el único que puede ayudarlos. Soy el que prometió.

Las excusas de Moisés se parecen a las nuestras. Tal vez, el Señor haya susurrado a tu corazón: «Quiero que enseñes en la escuela dominical, o sirvas como diácono o líder (o alguna otra posición de liderazgo) en tu iglesia».

Y tú respondiste: «¡No soy la persona indicada! ¡No puedo hacerlo! Mira todas mis responsabilidades. ¡Que lo haga otro!».

Esa fue la respuesta de Moisés. «¡No puedo hacerlo! ¿Quién se encargaría de las ovejas? Además, ¡en Egipto me quieren muerto!».

Pero Dios afirmó: «¡Han olvidado quién eres!».

«Pero no soy elocuente», protestó Moisés.

La respuesta de Dios: «¿Y quién le puso la boca al hombre? ¿Acaso no soy yo, el Señor, quien lo hace sordo o mudo?» (Ex. 4:11). En otras palabras: «Si tienes lo que percibes como una limitación, ¿podría recordarte, Moisés, que soy el Dios que creó a los humanos? Y soy el Dios que te hizo con tu limitación. Quiero usarte a pesar de ella para que me glorifiques. Seré tu boca, te daré palabras y te indicaré qué decir. Además, si necesitas ayuda, vuelve a Egipto y busca a tu hermano Aarón. Él puede hablar por ti».

Dios desarmó todas las excusas de Moisés. Cuando por fin regresó a Egipto, Moisés dejó que Aarón hablara una sola vez. Y se equivocó tanto que Moisés no lo dejó volver a hablar. Desde entonces, habló por sí mismo. Moisés por fin regresó a Egipto: del anonimato a la adversidad y luego a la victoria.

Nadie dijo que sería fácil

Para los líderes, no es fácil regresar, porque esperamos mucho de ellos y porque ellos mismos tienen altas expectativas personales. No obstante, Moisés había tenido una importante preparación. Era el único israelita que había entrado al palacio real. Solo él conocía bien a la realeza egipcia. Sin duda, era la persona adecuada para la tarea.

Además, Moisés estaba preparado porque había fracasado. Había probado el amargo fruto de la desilusión. Y sabía valorar una segunda oportunidad. Significaba una nueva vida, la oportunidad de redimir el momento y reparar el daño que se había hecho.

Muchos hemos estado en una situación así. Por cierto, a mí me ha pasado. En un momento tenemos tantas cosas y de repente, ¡todo desaparece! Te encuentras en el desierto, en la reserva o el área de castigo… solo pero con Dios. Entonces, lo vemos con mayor claridad. Cuando no hay nadie más en quién apoyarse, y desaparecen todos los puntales. Es la máxima prueba de fe.

En esos momentos solitarios, nos vemos obligados a reexaminarnos: nuestras creencias, nuestros valores y nuestro futuro. Comenzamos a ver lo que de verdad importa en la vida: nuestra relación con Dios y con nuestra familia. Todo lo demás es secundario. Sí, en medio del éxito de la vida, es fácil olvidar; descuidar y pasar por alto lo que significa más para ti.

Mientras estás en el desierto, te consume la enormidad de una tierra aparentemente inmensa y vacía. Pero incluso en el desierto hay vida, se puede sobrevivir, y está Dios. Él está listo para encontrarse contigo en tu momento más depresivo y solitario. Está listo para preguntar: «¿Qué tienes en la mano?» (Ex. 4:1-5). La respuesta está más cerca de lo que pensamos.

De regreso al principio

El viaje de regreso a Egipto fue largo y difícil. A Moisés le sobró tiempo para pensar. Incluso estuvo cerca de arrepentirse en el camino. Pero ya no había vuelta atrás. Había tomado una decisión.

Moisés y Aarón reunieron a los ancianos de Israel y les explicaron lo que Dios había dicho que haría por ellos. Tuvieron una respuesta positiva. La Biblia confirma: «El pueblo creyó» (Ex. 4:31). Su fe renovada generó esperanza para el futuro.

Entonces, la Escritura añade lo siguiente: «Y al oír que el Señor había estado pendiente de ellos [...] se inclinaron y adoraron al Señor». Cuando las personas se convencen de que Dios se preocupa por ellas, no pueden evitar caer a Sus pies y adorarlo. Fe, adoración y esperanza: estas fueron las claves para su victoria.

Ahora, Moisés estaba listo para enfrentar su pasado. Fue ante el Faraón con gran valentía, porque se había encontrado con Dios cara a cara. Nada de temor. Nada de dudas. Sencillamente, exigió: «¡Deja ir a mi pueblo!».

El Faraón contestó: «¡Estás loco! ¿Deshacerme de esta fuente gratis de trabajo? ¿Has perdido la cabeza? ¡De ninguna manera!».

Moisés no se inmutó frente a la resistencia del rey. Al principio, lo único que pidió fue que su pueblo pudiera ir al desierto a adorar a Dios durante tres días. Más adelante, pediría que los israelitas se fueran para siempre. No obstante, Dios tenía que preparar la manera.

El Señor envió plagas a Egipto. Los egipcios tuvieron que atravesar distintas confrontaciones; entre ellas, plagas de piojos, ranas, moscas, insectos y lo que puedas imaginar. Algunas plagas fueron trágicas. La segunda fue casi cómica. Las casas de los egipcios se llenaron de ranas: aparecían en las camas, en los hornos y los pisos. ¡Se multiplicaron por millones! Los egipcios no podían librarse de ellas.

Moisés fue ante Faraón y le preguntó: —¿Les gustan las ranas?

—¡No! ¡Sácalas de aquí!

—¡Deja ir a mi pueblo! —insistió Moisés.

—Pueden ir —accedió Faraón.

Entonces, Moisés preguntó: —¿Cuándo quieres que quite las ranas?

—¡Mañana!

¿Por qué no dijo «ahora mismo»? ¿Acaso quería pasar una noche más con las ranas en casa? No, lo que quiso decir fue «lo antes posible».

Las siguientes plagas, enviadas por el Dios de Israel, iban dirigidas a los dioses egipcios. Cada una estaba diseñada para convencer al Faraón de que el Señor era superior a sus ídolos y dioses falsos. En total, fueron diez plagas:

1. El Nilo se transforma en sangre, frente a Hapi y Osiris (dioses del Nilo).
2. Ranas frente a Heket (diosa rana).

3. Insectos frente a Jepri (el escarabajo divino).
4. Moscas frente a Uatchit (el dios mosca).
5. Muerte del ganado frente a Apis y Hator (deidades vacunas).
6. Úlceras frente a Imhotep (sanador divino).
7. Granizo frente a Qetesh (dios de la tormenta).
8. Langostas frente a Isis (diosa de la fertilidad).
9. Oscuridad frente a Ra (dios del sol).
10. La muerte frente a Ptah (dios de la vida).

Moisés atravesó todas estas confrontaciones. El Faraón cambió de opinión vez tras vez. «Pueden ir... No, no pueden». Lo que en realidad quería decir era: «No estoy seguro de que sea la mano de Dios. Tal vez sea una coincidencia, alguna peculiaridad de la naturaleza o algo por el estilo».

No obstante, las últimas dos plagas apuntaron directamente al centro de la religión egipcia: el sol y los hijos. En un reino desierto, todo giraba alrededor del sol. Así que la plaga de oscuridad aterró a los egipcios más que cualquiera de las anteriores. Además, en toda sociedad antigua, no había nadie más importante que el primogénito, en especial, el hijo del Faraón. Era el dios encarnado, destinado al trono. Para los egipcios, su muerte significaba el deceso de su dios.

Luego de la plaga de oscuridad, Moisés le advirtió al Faraón: «Si no nos dejas ir, el primogénito de cada familia de Egipto morirá, incluso el mismo hijo del rey».

Esa noche, el ángel de la muerte pasó por Egipto. Los primogénitos de todas las familias egipcias murieron, hasta el hijo del Faraón. El rey estaba tan destrozado que por fin le dijo a Moisés: «¡Váyanse, y no regresen jamás!».

El precio del liderazgo

Moisés había confrontado al gobernante más grande y poderoso del mundo antiguo. No solo había vencido a Faraón, sino que también había conquistado sus propias inseguridades y su pasado. Ya no se revolcaría en la culpa y el fracaso, ni desearía poder ser el Faraón.

Estos acontecimientos eran apenas el comienzo en el largo camino de liderazgo para Moisés. Tuvo que llevar a su pueblo —los antiguos esclavos— a la tierra prometida. No obstante, no estaban acostumbrados a la libertad. El camino prometía algunas irregularidades.

Sin embargo, algo era seguro mientras salían de Egipto: ¡la promesa seguía viva! Había permanecido latente durante muchos años, pero no había desaparecido. ¡El que prometió seguía vivo! Salmo 105:42,43 anuncia: «Ciertamente Dios se acordó de su santa promesa [...]. Sacó a su pueblo, a sus escogidos, en medio de gran alegría y de gritos jubilosos».

Los israelitas se fueron de Egipto sin demasiados problemas. Hasta se llevaron la momia de José. Pero cuando se dirigieron al sur hacia el Mar Rojo, se encontraron en un nuevo aprieto. El Mar Rojo los detuvo cuando el Faraón cambió de opinión y envió su ejército a perseguirlos. En el horizonte, aparecieron 600 carros de guerra, y los israelitas se volvieron contra Moisés.

«¿Qué clase de líder eres? Nos trajiste hasta la orilla del Mar Rojo. ¡Y ahora vamos a morir! Tendríamos que habernos quedado en Egipto».

Moisés comenzó a pagar el precio del liderazgo. El trato con los egipcios ya le había traído suficientes problemas. Ahora, también tenía que tratar con su propio pueblo. Pero no era el momento de volver atrás. Los líderes verdaderos no abandonan frente a los problemas. ¡Siguen adelante hasta el fin del mundo!

«Mantengan sus posiciones», les pidió Moisés a los israelitas, «que hoy mismo serán testigos de la salvación que el SEÑOR realizará en favor de ustedes» (Ex. 14:13). Levantó su vara, y Dios envió un recio viento del este (una tormenta de arena del desierto) para abrir las aguas del Mar Rojo. Los israelitas cruzaron sobre tierra seca. Luego, las aguas se cerraron sobre el ejército de Faraón y lo destruyeron. Esta vez, el

Faraón fue vencido para siempre. Todo su ejército se ahogó, mientras que los hijos de Israel estaban a salvo del otro lado.

Sin embargo, no fue el final de la historia, porque Moisés guió al pueblo al desierto de Sinaí. Allí tuvo que contender con ellos. Me recuerda lo que un pastor me confesó una vez: «Me encanta todo lo que implica el ministerio, excepto las personas. ¡Es tan difícil llevarse bien con ellas!». No obstante, allí empieza el verdadero liderazgo.

Los israelitas llegaron al desierto, dieron unas vueltas y se quejaron: «Aquí no hay nada para beber». Así que Dios les proveyó agua de una roca.

«No hay nada para comer». Entonces, Dios envió maná del cielo.

Volvieron a quejarse. «No nos gusta el maná. Queremos carne». Así que Dios envió codornices.

Luego, el pueblo afirmó que estaba cansado de las codornices. Y por último, se desató una abierta rebelión. Dios sencillamente abrió la tierra, y esta se tragó a algunos de los insubordinados. El resto de los israelitas por fin entendió el mensaje. Tenían que seguir al líder designado por el Señor hacia el destino de Dios.

A pesar de todas las dificultades, fue allí en el desierto donde llegaron las mayores bendiciones del Señor. Ahí, los israelitas recibieron la Ley y los Diez Mandamientos. En el desierto, construyeron el tabernáculo, y establecieron un lugar para adorar a Dios. La gloria del Señor descendió del cielo y descansó sobre el arca del pacto en el lugar santísimo de ese tabernáculo.

Les llevó 40 largos años en el desierto aprender las lecciones que Dios quería enseñarles. Con el tiempo, Moisés los llevó a la victoria.

Quizás estés atravesando un período difícil en tu vida. Tal vez sientas que estás en el desierto. Quizás la lucha ha sido larga y difícil, y no sabes si llegarás a ver alguna resolución. Amigo, Dios está contigo en todo momento. En tiempos de dificultad como de bendición; no se ha olvidado de ti.

Cómo aprender del desierto

Cuando cumplí 40 años, pasé por un desierto en mi vida. Hasta entonces, me había ido sumamente bien. Como muchos jóvenes, pensaba que mi éxito duraría para siempre. Pero un día, todo cambió. Comenzó a costarme encontrar la guía de Dios para el futuro.

Los meses siguientes fueron difíciles y dolorosos. Buscaba la dirección de Dios, pero no la encontraba. Quería que Él obrara en mi *situación*, pero Él quería obrar en *mí*. Pasó el tiempo. Seguí insistiendo, y Dios siguió esperando. Aunque en ese momento no me di cuenta, Dios estaba obrando para que yo estuviera listo para recibir Su llamado.

Después de casi dos años de esperar, Dios abrió una maravillosa puerta de oportunidad para mi familia. Suponía muchos cambios: una mudanza, una ciudad, personas, una iglesia y responsabilidades nuevas. Era un comienzo de cero, ¡y me encantaba! De repente, desapareció mi dolor. El desierto comenzó a florecer. Sin embargo, Dios estuvo siempre guiando mis pasos.

Tal vez te encuentres en una de esas etapas desérticas de la vida. ¡No te rindas! Y no importa lo que hagas, no culpes a Dios. Él está contigo a cada paso que das, incluso cuando permanece en silencio. ¿Recuerdas lo que hacía mientras los israelitas estaban en esclavitud? *Vio* su difícil condición. *Oyó* sus lamentos. *Recordó* Sus promesas. Y *fue* a rescatarlos. También te rescatará a ti... cuando termine de prepararte.

Cuando el fracaso aparezca en tu camino, recuerda:

1. *Fracasar es parte de ser humano.* Dios es consciente de tus limitaciones. El verdadero éxito no significa evitar el fracaso, sino aprender a lidiar con él.
2. *Fracasar no supone ser un fracasado.* A Babe Ruth se lo recuerda por sus jonrones. Pero también tuvo una cantidad de ponchados sin precedentes.

3. *Nadie es un fracaso hasta que deja de intentar.* Thomas Edison hizo más de 5000 intentos antes de inventar finalmente una bombilla que funcionara.

4. *El fracaso no es definitivo si vuelves a pararte cuando te caes.* El temor al fracaso es mucho mayor que el fracaso en sí. Si fallaste, admítelo y vuelve a comenzar. Concéntrate en el futuro, no en el pasado.

Quizás las cosas no han salido bien, y te escondes en la oscuridad. No es el final; solo es el proceso. Te llevará a grandes cosas. Tal vez hayas perdido una posición de liderazgo, te hayan degradado a un trabajo menor o reducido tu sueldo… ¡o todas las opciones anteriores!

O quizás, ahora todo ande bien. Puedes estar disfrutando de una ola de éxito. Quiero recordarte algo: cuando estés *arriba*, considera a los que están *abajo*. Extiende la mano y levántalos. Cuando ellos estén arriba y tú abajo, podrán extender su mano y levantarte también. Créase o no, la mayoría de nosotros puede sobrevivir al fracaso. La mayor tentación de todas es lidiar con el éxito.

Moisés es un ejemplo increíble para nosotros. Nació en la pobreza, se crió en la prosperidad, estuvo en el anonimato y regresó en victoria. ¿Cuál fue el factor de cambio? Se encontró con Dios en el desierto. Después de la zarza ardiente, sabía que ya no estaría solo. Dios estaba con él; era el factor de cambio. Y ha prometido intervenir en tu vida también.

Para preguntarse

1. ¿Sientes que Dios te ha abandonado? ¿O que no puede usarte?

2. ¿Qué está intentando enseñarte en este momento?

3. ¿Nuestra situación es alguna vez verdaderamente irremediable?

4. ¿Te encuentras en el desierto de la vida? Mira a tu alrededor. ¿Dónde está Dios?
5. ¿Cuál es la lección más importante que te está enseñando?
6. ¿Estás aprendiendo?
7. ¿Qué mejoras tienes que hacer todavía?

Para poner en práctica

Para ser un líder exitoso, ¿qué tendrás que superar?

_____

_____

_____

Reflexión final

Mi mayor preocupación no es si has fracasado, sino si estás satisfecho con tu fracaso.

—ABRAHAM LINCOLN

Victoria en la batalla:
Cómo conquistar la oposición

La vida tiene sus altibajos. Para muchos, es una batalla constante: un conflicto de valores, una batalla de convicciones, una lucha de voluntades y una guerra psicológica. Dios jamás prometió que la vida sería fácil. Pero sí promete acompañarnos en cada conflicto.

Después de la muerte de Moisés, Dios llamó a Josué para llevar al ejército de Israel a la tierra prometida. Habían estado en el desierto de Sinaí durante 40 años. La generación más antigua había muerto en el desierto, y la más joven estaba lista para seguir adelante.

«¡Sé fuerte y valiente!», le mandó Dios a Josué. «Recita siempre el libro de la ley y medita en él de día y de noche [...]. Así prosperarás y tendrás éxito. Ya te lo he ordenado: ¡Sé fuerte y valiente!» (Jos. 1:8,9).

La prosperidad y el éxito son promesas importantes. Dios quería que Josué lo pusiera primero a Él, y luego sería próspero y exitoso. La mayoría pasa por alto esta cuestión o la entiende al revés. Ponen primero la prosperidad y el éxito. Estos se transforman en un objetivo que los consume. Luego, si tienen tiempo, buscan a Dios.

«Cariño, cuando tengamos algo de seguridad financiera, comenzaré a ir a la iglesia». ¿Cuántas esposas han escuchado la misma excusa una y otra vez? «Dame algo de tiempo para aprender este nuevo trabajo, y luego tendré tiempo para Dios». Pero nunca llega. Nunca hay tiempo para Dios porque las prioridades están trastocadas. Dios no está primero. Y en algunos casos, ¡ni siquiera está en la lista!

Josué sabía que no tenía un buen pronóstico. Intentaba guiar a una banda de ex esclavos contra las ciudades fortificadas de Canaán. Los muros parecían insuperables. La gente parecía inconquistable. Pero Dios prometió, y esa era la clave. La promesa significaba todo, lo cual incluía conquistar la tierra que Dios les había prometido a Abraham, Isaac, Jacob y sus descendientes.

Josué le presentó el desafío al pueblo de Israel. Y ellos respondieron: «Nosotros obedeceremos todo lo que nos has mandado, e iremos adondequiera que nos envíes» (Jos. 1:16). Es más, hasta hicieron un pacto de ejecutar a todo el que se rebelara contra las órdenes de Josué. Iban «quemando los puentes» que quedaban atrás. No había vuelta atrás.

«¡Solo seamos fuertes y valientes!», gritaba el pueblo. Estos eran los jóvenes cuyos padres habían muerto gracias a la desobediencia en el desierto. Habían visto de cerca lo que podía causar la cobardía, y querían ser diferentes. No podían retroceder ahora. Así que decidieron seguir hasta la victoria.

Evalúa tus opciones

Antes de arremeter y atacar Jericó, Josué envió dos espías a investigar. Puede parecer que no era suficiente, pero Josué formó parte del contingente de doce espías que Moisés había enviado 40 años antes. Recuerda, solo dos de los doce, Josué y Caleb, volvieron con un informe positivo. Los otros diez se dejaron abrumar por el temor y convencieron a los israelitas de volver al desierto.

No cometería el mismo error. Así que envió dos espías. Cuando llegaron a Jericó, descubrieron que se trataba de una de las grandes ciudades amuralladas del mundo antiguo. Yacía sobre un terraplén artificial de varios siglos de antigüedad. Sus tremendos muros rodeaban el montículo (o terraplén). Para los espías, era un espectáculo imponente.

Jericó estaba cerca de la desembocadura del río Jordán en el Mar Muerto. Literalmente, protegía la entrada a Canaán desde el desierto. Cuando llegaron los espías, descubrieron que la ciudad ya estaba aterrada por la noticia de que los israelitas avanzaban hacia allí. El pueblo de Jericó estaba en pánico porque habían escuchado que Dios estaba con Israel.

Los israelitas no tenían un ejército superior. Tenían poca experiencia militar. Ni siquiera estaban bien entrenados, y les faltaba un plan de batalla. Pero Dios estaba con ellos, y eso era lo que importaba. Los espías volvieron a prisa con la buena noticia: «Jericó le tiene miedo a nuestro Dios».

Cuando evalúas las opciones en la vida, pronto comprendes que Dios ofrece la mejor. Todas las demás opciones son vacías e insignificantes en comparación. Cuando te das cuenta de lo que tienes en Cristo, comprendes que Él es todo lo que necesitas. Lo demás palidece en comparación.

Da un paso de fe

Era hora de dar un importante paso de fe: a través del río Jordán. «Purifíquense», instó Josué al pueblo de Israel. «Carguen el arca del pacto y pónganse al frente del pueblo» les ordenó a los sacerdotes (Jos. 3:5,6). El arca simbolizaba la presencia de Dios. Su gloria descansaba dentro de este cofre de oro. Llevar el arca frente al pueblo significaba que Dios los guiaba.

Josué instruyó a los sacerdotes que llevaran el arca del pacto hasta la orilla del río, y pusieran los pies en el agua. Sin embargo, había un problema con esta instrucción. El río Jordán estaba desbordado por las lluvias primaverales.

«No se preocupen», explicó Josué. «Las aguas se abrirán».

Así como Dios había abierto el Mar Rojo para Moisés, partiría las aguas del Jordán para Josué. Y por cierto, apenas los sacerdotes entraron al agua, el río dejó de fluir corriente abajo. El agua estaba contenida a varios kilómetros al norte, cerca del pueblo de Adán (Jos. 3:16). Como el río cae al fluir hacia el sur, el agua restante vertía en el Mar Muerto. Los israelitas cruzaron por tierra seca.

Hoy día, puedes pararte sobre el montículo de Jericó y ver el río Jordán en la distancia. Es decir que los cananeos en Jericó vieron cómo se abrían las aguas. Probablemente quedaron boquiabiertos. El Dios de Israel que partió el Mar Rojo ahora había abierto el Jordán ante sus ojos. ¿Quién podría hacerles frente?

Quizás dudas en dar un paso de fe en tu vida. ¿Puedo recordarte que el mismo Dios que estuvo junto a Josué permanecerá a tu lado? Irá contigo hasta el final. Nunca te pide que hagas algo que Él no podrá lograr. Da ese paso de obediencia y ríndete a Él ahora mismo.

Imagina el entusiasmo de esos israelitas. ¡Habían visto un milagro de Dios ante sus ojos! Algunos eran niños pequeños durante el cruce del Mar Rojo años atrás. La mayoría, sin embargo, había nacido en el desierto. Jamás habían visto algo como esto. Estaban emocionados y listos para seguir rumbo a Jericó.

¿No nos olvidamos de algo?

Como de costumbre, Dios tenía otra idea. Les pidió que acamparan en Gilgal. «Prepara cuchillos de pedernal, y vuelve a practicar la circuncisión entre los israelitas», le ordenó a

Josué (Jos. 5:2). Me imagino su reacción. «¿Quieres que haga qué? ¿Estás loco? ¿Aquí? ¿Ahora?».

Recuerda que la circuncisión era la señal del pacto con Dios. Todos los hombres tenían que ser circuncidados a los ocho días del nacimiento. Entonces, ¿por qué lo hacían ahora? La Biblia explica que todos los hombres que salieron de Egipto en el éxodo ya habían sido circuncidados. No obstante, los niños que nacieron en el desierto no fueron circuncidados.

¿Cómo pudieron descuidar algo tan importante? Cruzaron el desierto de Sinaí en unos dos meses. Pero cuando los espías trajeron el informe negativo de Canaán, el pueblo se volvió con incredulidad. Así que Dios los hizo vagar allí 40 años más.

La generación mayor desobedeció a Dios, y Él no les permitió entrar a la tierra prometida hasta que dicha generación hubiera muerto en el desierto. No hay otra explicación posible. Dios no debe haberles permitido que circuncidaran ni dedicaran sus hijos a Él. «Si no me obedecen, no hagan la ridiculez de dedicarme a sus hijos».

Habían perdido de vista la promesa. Vagaron en incredulidad hasta que desapareció la generación de los que dudaban. Esta historia contiene un principio poderoso, que convence el corazón de todo adulto. Si no obedecemos a Dios en nuestra generación, Él la pasará por alto y se dedicará a la próxima generación que confíe en Su nombre.

Deja que Dios tome el control

A los israelitas les sobró el tiempo para reflexionar mientras se recuperaban en Gilgal. Lo irónico es que el nombre del lugar significa «rodar». Allí, quitaron rodando la carne de sus prepucios. «Hoy he hecho que la vergüenza de su esclavitud en Egipto salga rodando como una piedra» (Jos. 5:9, NTV). ¡Y captaron el mensaje!

Además, celebraron la Pascua en Gilgal: la primera que

se festejó en la tierra prometida. A continuación, el maná dejó de caer. Por fin, Dios había preparado a Su ejército, pero a Su manera. Solamente podían depender de Él.

Mientras tanto, Josué probablemente se preguntaba cómo tomaría Jericó. No tenía un plan de batalla, así que dio un paseo por las colinas para mirar mejor el lugar. En el camino, se encontró con un hombre con espada en mano.

«¿Es usted de los nuestros o del enemigo?», preguntó Josué.

«¡De ninguno!», respondió. «Me presento ante ti como comandante del ejército del Señor» (Jos. 5:13,14).

Josué cayó sobre su rostro ante Él. Era el ángel del Señor, Cristo mismo: el capitán de las huestes celestiales. Cuando Josué —cuyo nombre significa «salvador»— comprendió que estaba frente al Salvador, se postró de inmediato ante Él.

Las apariciones de Cristo en el Antiguo Testamento se llaman «cristofanías». Se trata de apariciones temporales del Salvador antes de Su encarnación permanente como Jesús. Solo ocurren en ocasiones especiales. Esta fue una de ellas.

«Quítate las sandalias de los pies, porque el lugar que pisas es sagrado» (Jos. 5:15).

¡Un salvador se encontró con el Salvador! Josué estaba en lugar santo al igual que Moisés ante la zarza ardiente. Descalzo frente a Dios con los pies en la arena, Josué recordó que el ser humano no es nada sino polvo ante el Todopoderoso.

El plan de batalla de Dios

Entonces, Dios le comunicó a Josué Su plan de batalla. «Tú y tus soldados marcharán una vez alrededor de la ciudad; así lo harán durante seis días. Siete sacerdotes llevarán trompetas hechas de cuernos de carneros, y marcharán frente al arca. El séptimo día ustedes marcharán siete veces alrededor de la ciudad, mientras los sacerdotes tocan las trompetas [...]. El pueblo deberá gritar a voz en cuello. Entonces los muros de la ciudad se derrumbarán...» (Jos. 6:3-5).

Josué no discutió. No dudó. Obedeció a Dios. Uno de sus puntos fuertes de carácter fue su confianza en Dios. Fue la fuente de su valentía y la clave de su éxito.

Imagina ser un cananeo en Jericó. La ciudad está lista. Los muros están fortificados. Las puertas bloqueadas. Los soldados en posición. Las espadas y las lanzas en mano. Estás esperando a los israelitas. ¡Y por fin aparecen!

«¡Aquí vienen!», se escucha gritar.

El polvo se levanta en el desierto. Los cananeos ven cómo los israelitas marchan hacia Jericó. Se preparan... escudos arriba, lanzas arriba. No obstante, los israelitas solo marchan alrededor de los muros mientras llevan un cofre de oro. Y cuando terminan de rodear la ciudad, vuelven hacia el horizonte, camino a Gilgal.

«¡Se acobardaron!», afirma alguien. «¡Deben tenernos miedo! Sí, somos peligrosos, ¡bien peligrosos!».

Pero al día siguiente, los israelitas vuelven. «¡Prepárense! Aquí vienen otra vez».

Una vez más, marchan alrededor de la ciudad, mientras hacen sonar las trompetas y llevan ese cofre de oro. Luego, se retiran.

Ya el sexto día todo parece absurdo. Quizás los cananeos se mofaban: «¡Aquí vienen otra vez! ¡Ahí se van otra vez! ¡Cobardes!».

Pero al séptimo día, todo cambió. Esta vez, los israelitas no pararon de rodear los muros de la ciudad. Lo hicieron una y otra vez. Siete veces los rodearon. En el punto culminante de la presión psicológica durante la séptima vuelta, se detuvieron e hicieron sonar las trompetas con más fuerza que antes. Luego gritaron, y Dios obró.

Los muros comenzaron a fracturarse. El montículo cedió ante el temblor del suelo. La pared interior colapsó y se desmoronó por la pendiente, cubriendo el muro exterior de ladrillos rotos. El muro de piedra comenzó a quebrarse, ¡y hasta los cananeos colapsaron!

Frente a la caída de los muros, los cananeos huyeron al centro de la ciudad. Los israelitas treparon por los escombros y capturaron Jericó. La destruyeron y la quemaron hasta los cimientos. El estrato de cenizas y la pila de ladrillos siguen allí hasta el día de hoy.

Dios obtuvo una gran victoria para Su pueblo ese día. La ciudad más grande y antigua de Canaán se había derrumbado ante el Dios de Israel. Poco tiempo después, toda la nación de Canaán cayó. Al leer el libro de Josué, a excepción de un contratiempo menor en Hai, los israelitas obtuvieron victoria tras victoria porque Dios estaba con ellos.

El pueblo de Israel dio un paso de fe. Santificaron sus corazones y sus cuerpos. Se sometieron al Señor y alcanzaron el éxito que les había prometido. En pocos años, la tierra —Israel, la tierra prometida— fue de ellos.

Una mirada atrás y otra hacia el futuro

No hay nada más satisfactorio que volver a contemplar una tarea bien hecha, ya sea un césped cortado, una casa pintada o un vehículo arreglado. Es sumamente satisfactorio completar una tarea y hacerla bien.

Josué conquistó Canaán parte por parte: el área central, el sur y el norte. En total, 31 ciudades se rindieron ante su ejército. Los límites de Israel se extendían desde el Sinaí hasta el Líbano, y desde el Mediterráneo hasta la ribera este del Jordán. A continuación, dividieron la tierra entre las doce tribus de Israel, y el pueblo se estableció para edificar la nueva nación.

Antes de morir, Josué reunió a las tribus en Siquén y pronunció su discurso de despedida (Jos. 24). Les recordó que Dios había llamado a Abraham de la tierra del «otro lado del río» y le había prometido darles esta tierra a Isaac, Jacob y sus descendientes. Después, les recordó que Dios había llamado a Moisés para sacarlos de Egipto. Y por último, que Dios había peleado por ellos en la conquista de Canaán.

Josué, con sabiduría, hizo reflexionar al pueblo sobre su historia. Cada lección pretendía reforzar la fe del pueblo de Dios, quien había mantenido viva la promesa todos esos años. Ahora dependía de ellos establecerse en esa tierra para la gloria de Dios y edificar una nación que lo glorificara.

«Por lo tanto, ahora ustedes entréguense al SEÑOR y sírvanle fielmente», instó Josué. «Desháganse de los dioses que sus antepasados adoraron al otro lado del río Éufrates y en Egipto, y sirvan sólo al SEÑOR» (v. 14). Les recordó que Abraham había dejado los dioses de Babilonia, y que ellos habían sido librados de los egipcios. ¡Ahora no servirían a los dioses de los amorreos y los cananeos, a quienes acababan de conquistar!

Luego, Josué hizo un pedido inusual: «Pero si a ustedes les parece mal servir al SEÑOR, elijan ustedes mismos a quiénes van a servir» (v. 15). Dejó bien en claro cuáles eran las opciones. Podían adorar a los dioses de Babilonia, Egipto o Canaán, o al Señor, el único Dios verdadero.

Puede parecer un pedido extraño, dadas las circunstancias, pero Josué sabía que los días de conflicto habían terminado. Ahora, se verían tentados a vivir «tranquilos en Sión». A veces, cuando todo va bien es cuando más nos alejamos de Dios. Ya no lo necesitamos tanto, así que nuestras oraciones no son tan fervientes. De repente, y sin darnos cuenta, nos hemos distanciado de Él.

Incluso hoy, muchos temen rendir sus vidas a Dios. Creen que se perderán algo o que les costará demasiado. No obstante, esta rendición trae las mayores victorias de la vida. Si no estás sirviendo a Dios, estás sirviendo a otra persona. Si no vives para Dios, vives para otra persona. ¡Ya sea tú mismo o el diablo!

Estas tres opciones tienen que haberles parecido ridículas a los israelitas. ¿Quién querría regresar a los dioses de los babilonios? Ya los habían dejado años atrás. ¿Y los dioses de los egipcios que nos esclavizaron? ¡De ninguna manera! ¿Los dioses de los amorreos y los cananeos: Baal y Ashtar? ¡Acabamos de conquistarlos!

Pero yo y mi casa

De alguna manera, Josué sabía que enfrentarían este problema en el futuro. «Pero yo y mi casa, serviremos al SEÑOR», declaró (v. 15, LBLA).

El pueblo respondió al desafío: «Nosotros también serviremos al SEÑOR, porque él es nuestro Dios», afirmaron (v. 18). Renunciaron a los dioses de Babilonia, Egipto y Canaán y pusieron su fe en el Señor.

Entonces, Josué les recordó: «Ustedes son testigos contra ustedes mismos de que han decidido servir al SEÑOR» (v. 22).

«Sí, sí lo somos», respondieron.

Una vez más, fue un día importante y santo. Surgió una nueva nación en la tierra prometida, el pacto con Dios fue renovado (v. 25), y esa generación mantuvo su promesa a Dios. La Biblia registra: «Y sirvió Israel al SEÑOR todos los días de Josué y todos los días de los ancianos que sobrevivieron a Josué y que habían conocido todas las obras que el SEÑOR había hecho por Israel» (v. 31 LBLA).

Después, enterraron el cuerpo de José en Siquén, en el suelo de la tierra prometida. Habían llevado su cuerpo momificado desde Egipto. Por fin, luego de 400 años, había vuelto a casa. ¡Dios fue fiel a Su promesa!

Con el tiempo, habría nuevas luchas y otros desafíos. Las generaciones venideras se alejarían de Dios para seguir a los dioses de los cananeos que habían vencido. Intentarían coexistir con el enemigo, y terminarían corrompidos y vencidos por ellos.

Para la generación de Josué, hubo una victoria contundente. Ya habían visto la derrota en el desierto, y no quisieron volver atrás. Al comprender que solo tenían una elección verdadera, marcharon adelante a la victoria. ¡Y qué gloriosa fue!

Un compromiso completo

Los compromisos a medias nunca funcionan. Bill Jackson intentó vivir de esa manera durante años. Asistía a la iglesia con regularidad si no surgía algo más importante. Después de todo, era un verdadero sacrificio para él. Suponía dejar de lado el golf de los domingos. Hasta significaba irse a dormir relativamente temprano los sábados.

«Dios tendría que estar contento con mi asistencia», solía decirles Bill a los demás. «Vengo mucho más que la mayoría».

El problema era que a Bill no le iba nada bien. Su vida se parecía a un yo-yo: iba hacia arriba y hacia abajo. No había un equilibrio, y casi todo estaba fuera de control. Es más, no estaba ni feliz ni satisfecho.

—La verdad que no funciona —me comentó un día.

—¿Qué cosa no funciona? —pregunté.

—¡La vida cristiana! No es lo que se supone que debería ser.

—¿Quieres decir que no estás satisfecho?

—¡Para nada!

—¿Alguna vez te preguntaste si Dios está satisfecho contigo? —pregunté, mirándolo a los ojos.

Bill bajó la cabeza. —Seguramente no lo está —admitió.

—Tal vez por eso tampoco te sientes satisfecho.

Entonces, Bill me miró como si por fin estuviera listo para escuchar; como si quisiera saber cómo cambiar de verdad.

Hablamos y le expliqué que el cristianismo a medias nunca funciona. Esa cantidad de religión es suficiente para volvernos infelices. Sabemos que no podemos volver al mundo; la esclavitud espiritual no produce satisfacción. Pero si no avanzamos a la victoria, estamos destinados a quedar atascados en un enorme desierto espiritual.

—Es como estar atascado en una cerca —expliqué. —Has llegado lo suficientemente lejos como para saber que necesitas avanzar. Pero si no te bajas de ese cerco, jamás serás feliz. ¡Y sin duda, no estarás cómodo!

Bill hizo una pausa. Me di cuenta de que luchaba en su interior. Entonces, en un momento de absoluta sinceridad, confesó: —Si me comprometo por completo con Dios, me va a costar caro.

¡No! —respondí. —¡Te va a costar caro si no te comprometes del todo!

En las semanas que siguieron, Bill luchó con lo que Dios pedía de su vida. Aun cuando no hablábamos al respecto, su lucha se le reflejaba en el rostro. A algunos no les cuesta comprometerse por completo. Pero para otros es una verdadera batalla, y no nos animamos a acortar el proceso. Es como dar a luz a un bebé. No se puede apurar. Cuando llega el momento, nace el niño.

Un día, Bill vino a verme. Tenía una expresión seria. Sin embargo, también había un dejo de esperanza en su rostro.

—Tienes razón —afirmó.

—¿Sobre qué? —pregunté.

—Sobre mi falta de compromiso, no lo soporto más —respondió—. Estoy listo para hacerlo.

—¿Hacer qué? —le pregunté, con cuidado.

—Comprometerme por completo con Dios.

Y así lo hizo. Ese día, se entregó por completo a Cristo. Toda su vida cambió. Su matrimonio mejoró. Su esposa estaba encantada. Hasta sus hijos parecían más felices. Pero lo más importante fue que el crecimiento espiritual de Bill se disparó.

¿Cuál fue el factor determinante? La rendición total. Es el primer paso hacia la victoria absoluta.

Para preguntarse

1. ¿Eres el ejemplo que otros necesitan y merecen?
2. ¿Qué cambios y mejoras necesitas realizar?

3. ¿Estás ganando o perdiendo en la vida?
4. ¿Qué cambios deberías hacer para obtener la victoria?
5. Si calificaras tu vida espiritual, ¿cuál sería tu puntuación?
6. A esta altura, ¿vas ganando o perdiendo?
7. ¿Qué tienes que hacer ahora para asegurar una verdadera victoria en tu vida?

Para poner en práctica

¿Qué impide que alcances la victoria total?

_____

_____

_____

Reflexión final

No hay victorias a precio de oferta.

—GENERAL DWIGHT D. EISENHOWER

más insólito que pueda encontrar! Un muchacho llamado Gedeón, ¡también conocido como *Súper Gallina*! ¡Un chico que le tiene miedo hasta a su propia sombra!

Un héroe poco probable

Las palabras *si* y *temor* son constantes en la historia de Gedeón. «*Si* en verdad quieres que haga esto, *si* esto es lo que tengo que hacer». *Si, si, si:* Gedeón nunca se movía por fe y, por cierto, siempre se escudaba detrás del condicional *si* porque tenía miedo. Más adelante, Dios lo transformó en algo que no era. Cuando pensamos en Gedeón hoy en día, nos imaginamos un gran héroe, un líder imponente. Hasta hay una importante organización cristiana llamada en honor a él: los Gedeones.

No obstante, Gedeón comenzó en mal estado. La primera vez que el Señor lo encontró, estaba escondido en un lagar. Jueces 6:11 relata: «El ángel del Señor vino [...]. Gedeón estaba trillando trigo en un lagar, para protegerlo de los madianitas». Un lagar era un hueco profundo rodeado de piedras donde se arrojaban las uvas al hoyo. Luego, alguien se metía y las pisaba.

Gedeón estaba dentro del lagar, pero no intentaba hacer jugo de uvas. ¡Estaba allí intentando trillar trigo! Esto solía hacerse en una era, a campo abierto. Gedeón temía que si lo hacía de esta manera, los bandidos vendrían y le robarían el trigo. Así que se metía en el lagar e intentaba arrojar los granos y hacerlos pasar por la abertura. Debe haber quedado ridículo. Ni siquiera tenía suficiente espacio. Imagina estar apretado en un hoyo profundo, intentando arrojar granos hacia fuera por la abertura superior, y que el trigo caiga sobre tu rostro, todo mientras estás aterrado por la posibilidad de un ataque madianita. ¡Probablemente estaba cubierto de pies a cabeza con cascarillas de trigo!

En ese momento, el ángel del Señor apareció vestido de pastor y se sentó bajo un árbol cerca del lagar. Seguramente, debe haberse reído solo. El lagar se asemejaba a la boca abierta de un aljibe, cuando de repente, sale una pila de grano y vuelve a bajar: arriba y abajo, arriba y abajo, una y otra vez. Por último, el ángel del Señor decidió que mejor le decía algo a este muchacho de allí abajo. Así que le comunicó: «¡El Señor está contigo, guerrero valiente!» (Jue. 6:12).

Probablemente, Gedeón pensó: «¿Guerrero valiente?» .¿Acaso has perdido la cabeza? ¡Estoy aterrado! ¡Estoy aquí en el lagar escondido para no morir!».

«Pero, señor», replicó Gedeón, «si el Señor está con nosotros [el primer *si* de muchos de la boca de Gedeón], ¿cómo es que nos sucede todo esto? [...]. El Señor nos ha desamparado» (Jue. 6:13). En realidad, lo que decía era: «¿Adónde está el poder de Dios y Sus grandes milagros que nos contaron nuestros antepasados? ¡No lo hemos visto hacer nada! ¡Todo va mal!».

En lugar de corregirlo, criticarlo o castigarlo, el ángel replicó: «Ve con la fuerza que tienes, y salvarás a Israel del poder de Madián» (Jue. 6:14).

¿Ir con mi fuerza? pensó Gedeón. *¡No tengo nada de fuerza! Soy Súper Gallina, escondido aquí en el lagar. ¡Y tú estás loco! Soy de la tribu de Manasés, ¡la más pequeña de todas! Y soy de la casa de Joás, la más insignificante familia de Manasés. Y dentro de la casa de mi padre, soy el menor. ¡De ninguna manera! ¡Soy la persona equivocada!*

Dios suele escoger candidatos poco probables para hacer Su obra. En forma deliberada, escogió a Gedeón porque era un semejante cobarde. Los antiguos rabíes no percibían a Gedeón como un gran guerrero, sino como un inútil. Hace unos años, Hallmark recreó esta historia en televisión, y Peter Ustinov hizo el papel de Gedeón. Representó a un granjero torpe que se tropezaba hasta con su propia sombra. ¿Por qué Dios habría elegido a un cobarde para vencer a los enemigos de Israel? Lo hizo para enseñarles a confiar en Sus promesas divinas y no en su propio poder.

Aprende a superar las excusas

La mayoría de nosotros conoce la historia de Gedeón. Ofreció todas las excusas habidas y por haber. Pero Dios no le permitió desligarse de su obligación. Por último, Gedeón alegó: «*Si* me he ganado tu favor, dame una señal» (Jue. 6:17). Ese fue el *si* número dos.

Gedeón se fue a preparar un sacrificio. Cuando terminó, el ángel del Señor le pidió que lo colocara sobre una roca. La Biblia afirma que el ángel tomó el bastón que tenía en la mano y tocó la roca. Instantáneamente, salió fuego de la roca y consumió toda la ofrenda. Gedeón entró en pánico y exclamó: «¡Voy a morir! ¡Voy a morir! He visto a Dios cara a cara. ¡Voy a morir!».

Se habían terminado las excusas. ¡Era hora de actuar! El ángel le mandó a Gedeón que derribara el altar de su padre a Baal, un dios cananeo de la tormenta. Su padre, Joás, era israelita y no tenía por qué tener ese ídolo.

El ángel no aceptó un «no» por respuesta. Así que Gedeón destruyó el altar a Baal. Diez de sus siervos lo ayudaron, y lo hizo a la noche porque «tenía miedo de su familia y de los hombres de la ciudad» (Jue. 6:27). Esa frase sencilla en el texto bíblico indica cuánto se habían alejado los israelitas de Dios. Habían olvidado por completo Su milagroso poder. ¡Temían más a la opinión pública que a Dios!

A la mañana, todo el pueblo estaba enfurecido. Fueron a la casa de Joás, llamaron a la puerta y exigieron: «¡Saca a Gedeón! Derribó el altar a Baal, ¡lo mataremos!».

¡Joás no podía creerlo! *¿Gedeón?*, pensó. *¿Acaso hizo algo de una vez por todas? ¿A quién le importa si fue contra mí? ¡Es lo mejor que ha hecho hasta ahora!* Entonces, Joás les dijo a los hombres que si Baal era en verdad un dios, podía defender su propia causa. «Que Baal se defienda solo», afirmó.

Así que Joás le dio a Gedeón un nuevo nombre: *Yerubaal*. En hebreo, significa «que Baal se defienda contra él».

Con demasiada frecuencia, la gente se queda sentada y se queja: «Alguien tendría que hacer algo. Alguien debería hacerle frente al secularismo y al paganismo de nuestra sociedad. Alguien tendría que derribar el altar a Baal y levantar el estándar de Dios». Y la respuesta del Señor suele ser: «¿Por qué no lo haces tú? ¿Cuándo adoptarás una postura firme en tu hogar, en el trabajo, en el vecindario o la comunidad?».

Dios sigue dedicándose a eliminar nuestras excusas. Una excusa no es nada más que una mentira disfrazada de explicación. Apenas Gedeón se puso firme, por más miedo que tuviera, la gente estuvo dispuesta a seguirlo. ¿Qué transforma en líder a una persona? Tiene que estar dispuesta a liderar. Si comienzas a liderar, la gente empezará a seguir. Pero si no lo haces, nadie te seguirá. Entonces hay confusión, transigencias y derrotas.

Cuando Gedeón defendió lo que era correcto, la gente hizo fila para seguirlo. Dios tomó a la persona más improbable de todas, tocó su vida y le dio poder para obtener una de las victorias más increíbles de la historia humana.

No hay vuelta atrás

Antes de que Gedeón comprendiera lo que estaba haciendo, el Espíritu de Dios vino sobre él, y este muchacho condujo a un ejército contra los madianitas. Vinieron hombres de todas las ciudades aledañas y todas las tribus del norte: Manasés, Neftalí, Aser y Zabulón. Aparecieron todos y gritaron: «¡Estamos aquí para seguirte!».

Gedeón pensó: «No estoy acostumbrado a ser líder. ¿Y ahora qué hago?». Así que volvió a ponerse en modo temor. Se le ocurrió: «Bueno, Dios, *si* (otra vez) en verdad quieres que haga esto, necesito otra señal que pruebe que es tu voluntad. Probemos con un vellón». A menudo, usamos la expresión *sacar el vellón*. Pero en realidad, el vellón *no* fue un acto de fe. ¡Fue una respuesta de temor!

El vellón fue producto de la indecisión de Gedeón. Todavía no estaba listo para confiar por completo en Dios. Pensaba: «Dios, *si* en verdad quieres esto para mí, haré lo siguiente. Tomaré este montón de lana y lo colocaré sobre la era durante la noche. Cuando me levante por la mañana, *si* el vellón está mojado con rocío y el suelo alrededor está seco, sabré sin duda que quieres que guíe a los hijos de Israel».

Se levantó a la mañana siguiente y, como era de esperar, el vellón estaba mojado y el suelo seco. ¡Estaba tan mojado que lo exprimió y sacó agua como para llenar una taza! ¿Acaso le creyó a Dios y siguió adelante? ¡No! Preguntó: «¿Qué tal dos de tres? Y esta vez, el vellón tiene que estar seco y el suelo mojado».

Se levantó a la mañana siguiente y, una vez más, el vellón estaba seco y el suelo mojado. Dios no lo absolvería. No había vuelta atrás.

El pueblo vino de a miles a seguirlo.

Acamparon en el manantial de Jarod, que en hebreo significa «el lugar del temblor». El cobarde de Gedeón y su ejército de granjeros acamparon en «el manantial del temblor». ¡Imagina quién estaba temblando!

Este lugar existe hasta el día de hoy. Está en un camino alejado —al igual que entonces— pero se puede encontrar. Hay un manantial natural en Jarod, que da a un valle más abajo. Allí fue Gedeón con un ejército de 32 000 hombres. El problema era que había 130 000 madianitas y amalecitas en el valle. ¡Los israelitas estaban completamente superados en número! Es más, la Escritura describe a la horda invasora como «langostas»: como una plaga de insectos que infestaba el valle.

Gedeón estaba paralizado y pensaba: *¡Nos superan en número! ¡No tenemos esperanza! ¡Estamos sentenciados! ¿Qué voy a hacer?*

Sin embargo, Dios le habló: «Tenemos un problema».

Gedeón no podía estar más de acuerdo: *¡Exactamente! ¡No tengo suficientes hombres!*

Dios respondió: «No, ¡tienes demasiados!». *¿Demasiados hombres? ¿Qué quieres decir con demasiados hombres?*, pensó Gedeón.

¡Tienes que estar bromeando!

Dios le respondió: «Si dejo que 32 000 hombres venzan a 130 000, dirán: "¡Nosotros lo logramos!" Hace mucho que trato con esta gente como para saber cómo se comporta. Quiero que les preguntes a tus hombres: "¿Cuántos tienen miedo?" Los que lo admitan pueden irse a casa».

Probablemente, Gedeón pensó: *¡Yo! Yo tengo miedo. ¡Quiero irme a casa!* Pero obedeció y preguntó: «¿Cuántos tienen miedo?» Y 22 000 hombres levantaron la mano. Tuvo que decirles que se fueran. Entonces, se quedó con 10 000... prácticamente nada para lo que tenían que hacer.

Nunca estuve en una batalla, pero sí en una zona de guerra en África. Íbamos a un pueblo, predicábamos y nos marchábamos. Al día siguiente, la aldea podía ser atacada con misiles. Todos los días, hablábamos con soldados que recibían disparos en una terrible guerra civil. Ellos afirmaban que había tres clases de personas en una batalla. En primer lugar, decían que cualquiera con sentido común tenía miedo, y eso abarcaba a la mayoría. Por eso, las dos terceras partes del ejército de Gedeón se fueron. Segundo, había un grupo que simplemente quería luchar. No les importaba si los mataban. Se quedarían allí y lucharían. Probablemente, el otro tercio del ejército de Gedeón fuera así.

Los soldados también nos contaron sobre una tercera categoría de hombres en la batalla. «Son los que tienen demasiado miedo como para admitir que tienen miedo», explicaron. Así que cuando Gedeón pidió: «Si tienen miedo, levanten la mano», no pudieron hacerlo. Ni siquiera podían levantar la mano. Estaban en estado catatónico. Quedaron paralizados en el campo de batalla, demasiado aterrados como para admitir su temor.

Dios declaró: «Todavía hay demasiados hombres».

¿Demasiados hombres?, pensó Gedeón.

«Hazlos bajar al agua, y allí los seleccionaré por ti [...]. A los que laman el agua con la lengua [...] sepáralos de los que se arrodillen a beber» (Jue. 7:4,5).

Todos los que bajaban la cabeza al agua para beber caían en una categoría. Y los lamedores en otra. Eran los que levantaban el agua con la mano y la lamían con la lengua.

He leído casi todo los comentarios que existen sobre el libro de Jueces. Hay toda clase de explicación para este sistema de separación. Algunos afirman que los 300 muchachos que lamían el agua eran los más sabios y los mejor preparados; se mantenían alerta del enemigo. El resto no prestaba atención. Simplemente, metían la cabeza en el agua y bebían. Déjame recordarte que los israelitas estaban en la cima de la montaña. El enemigo estaba mucho más abajo, en el valle. ¡No estaba ni cerca! En ese momento, no había nada que temer.

Los mismos viejos rabíes que veían a Gedeón como un líder reacio también creían que estos 300 lamedores tenían miedo de beber. Los que lamían el agua pensaban: *Seguro hay un madianita atrás de esa roca. Nos van a atrapar.* ¡Pero no había nadie allí! ¡Creo que Dios escogió a los 300 hombres más cobardes que pudo encontrar en el ejército de Gedeón y lo puso a él al mando!

Cuando tienes demasiado miedo como para seguir

A esta altura, el pobre Gedeón estaba desconcertado. *¿Cómo llevaré a estos muchachos a la victoria?*, se preguntaría. *¡Sólo tengo 300 hombres!*

Entonces, Dios intervino. «Levántense y vayan contra el campamento», le ordenó.

¿Quieres que ataque el campamento de los madianitas?, pensó Gedeón.

«Si temes atacar, baja primero al campamento, con tu criado Furá, y escucha lo que digan», sugirió Dios (Jue. 7:10,11).

A continuación, la Escritura relata que Josué fue allí con su siervo. Furá significa «follaje»; algo detrás de lo cual esconderse. ¿Recuerdas las viejas películas de vaqueros, donde el personaje se arrastraba escondido detrás de un arbusto rodante? Esa es la idea del pasaje. Gedeón iba empujando al siervo por la ladera de la montaña, diciendo: «Te sigo de cerca».

Algo inusual sucedió cuando llegaron al borde del campamento enemigo. Estaba oscuro, y 130 000 hombres dormían sobre el césped del valle. Gedeón se acercó al campamento, donde dos hombres estaban haciendo guardia y hablando entre ellos. Gedeón y su siervo oyeron esta conversación:

—Hombre, me asusta todo esto —confesó el primer guardia.

—¿Por qué estás tan asustado? —le preguntó el otro.

—Tuve un sueño sumamente extraño anoche. Soñé que un pan de cebada llegaba rodando por esta montaña y destruía todo nuestro ejército.

—¿Qué crees que significa?

—¡Creo que es Gedeón! ¡Nos atacará y nos matará a todos!

Si hay algo que aliente el corazón de un cobarde, es descubrir que el enemigo tiene aun más miedo que él. Con confianza renovada, Gedeón volvió a subir la montaña, reunió sus tropas y se preparó para atacar.

Conozco esa sensación

Cuando era un niño en Detroit, mi madre decidió que debía ir a los *Boy Scouts*. Así que me inscribió y me envió. En Detroit, los *Boy Scouts* no se dedicaban a recoger mariposas o rocas. ¡Se peleaban todo el tiempo! Cada vez que asistía a una reunión especial, alguien empezaba a pelear. Un día, nuestra consejera decidió que como no dejábamos de pelear, lo mejor sería tener luchas organizadas: una eliminación de boxeo con un campeón.

Pero había un problema con este arreglo. ¡Uno de los chicos en nuestro grupo era un monstruo total! Era como el demonio de Tasmania. Se llamaba Tim; el gran Tim. Tenía el cabello rapado y una mandíbula grande y cuadrada. Además, ¡tenía diez años!

Como yo tenía ocho, me parecía que Tim pesaba como 90 kilos (200 libras). Como dije, ¡era un monstruo! *Esto será una pérdida de tiempo,* pensamos todos los niños. *¡Tim nos golpeará a todos!* La consejera nos dividió en dos grupos. Felizmente, yo no estaba en el grupo de Tim. Los otros pobres flacuchitos irían al cuadrilátero como ovejas al matadero. Tim les gruñiría, los acorralaría en una esquina, y luego… ¡PUM! ¡Todo terminaría con un solo golpe!

Yo estaba con unos tontuelos que no sabían lo que hacían. Yo tampoco sabía. Nos empujamos de aquí para allá durante algunos minutos. Nadie salió lastimado. Pero siempre anunciaban: «El ganador… ¡Hindson!». Yo gané un par de veces por puro accidente.

Me sentía bien hasta que pensé que si ganaba otra tanda, sería el campeón de mi división. Y si salía victorioso, Tendría que pelear contra… ¡TIM! ¡Estaba en problemas! Así que decidí tirarme al suelo apenas sonara la campana. ¡Pero el otro chico me ganó! Llegó la batalla por el campeonato, y era el pequeño Edward contra el gran Tim. Por más aterrado que estaba, me vino un pensamiento extraño. Había observado algo. Hasta entonces, nadie había golpeado a Tim. Lo único que hacían todos era retroceder y retroceder, y… ¡BAM!, Tim los derribaba. Comencé a pensar en mis opciones. Podía abandonar los *Boy Scouts* e irme a casa. O podía hacer algo bien descabellado y tonto: hacerle frente al grandote y pegarle.

Estaba muerto de miedo. Pero no retrocedería, porque sabía que así me golpearía. ¿Qué haría entonces? Sonó la campana. Corrí por el cuadrilátero y le pegué a Tim en la boca. ¡Se quedó pasmado! ¡No lo esperaba! No pude haberle hecho daño, pero se asustó. ¡Comenzó a llorar! Entonces, me puse como loco: bam, bam, bam. ¿Por qué? Descubrí que el otro chico tenía más miedo que yo. ¡Y fin del problema!

Es lo mismo que le sucedió a Gedeón. No podía creerlo. ¡El enemigo le tenía miedo! Del temor de ellos sacó coraje. La Biblia afirma: «Resistan al diablo, y él huirá de ustedes» (Sant. 4:7). Demasiadas veces dejamos que nuestros temores nos abrumen, y nos damos por vencidos. Pero Dios nos alienta: «No te rindas. ¡Levántate! Toma valor. Párate firme. ¡Y confía en mí!».

Cuando Dios tiene una mejor idea

Gedeón volvió impaciente por atacar. Pero Dios le comunicó: «Tengo un plan sumamente inusual para vencer al enemigo. No creo que sea lo que tenías en mente. No iremos montaña abajo a derrotarlos. ¡Los venceremos de un *susto*!».

Qué fácil olvidamos adónde estábamos cuando Dios nos encontró. El cobarde temeroso e indeciso quiere avanzar, pero Dios lo retiene. Tuvo que recordarle a Gedeón que Él estaba al mando.

El Señor le dio un increíble plan de batalla. Le indicó que dividiera a los 300 hombres en tres grupos. Debía darle a cada hombre un cántaro con una antorcha adentro, junto con una trompeta. Después, tenía que colocar 100 hombres a cada lado del valle y 100 en el medio. A la señal de Gedeón, los hombres romperían los cántaros, agitarían las antorchas y harían sonar las trompetas. Entonces, debían gritar: «¡Desenvainen sus espadas, por el SEÑOR y por Gedeón!».

¡Dios usó a Gedeón y a sus 300 lamedores para asustar al enemigo y hacerlo huir! En las antiguas batallas, casi nunca se peleaba a la noche, porque era imposible distinguir al otro. Casi todas las batallas en el mundo antiguo se desarrollaban durante el día. No obstante, cuando sí peleaban de noche, solo unos pocos soldados sostenían antorchas para iluminar el campo de batalla. Los que llevaban antorchas no podían sostener un escudo, y estaban desprotegidos. Así que había una antorcha cada 100 hombres aproximadamente. En general, era suficiente para alumbrar y ver.

Tampoco llevaban trompetas todos los soldados. Si tenían una trompeta en la mano, no podría sostener un escudo o una espada. ¿Alguna vez viste un cuadro sobre la Guerra Revolucionaria? Llevaban un flautín y un tambor. Algunos hombres tocaban los instrumentos. En general, de cada 100 soldados, solo unos 12 tocaban los instrumentos.

Manda al enemigo a volar

Hubo una situación similar en la historia británica, cuando los escoceses iban perdiendo la batalla de Bannockburn. Desde el frente de batalla, llegó la noticia de que los escoceses se retiraban. En respuesta, los hombres más viejos y los jóvenes que esperaban detrás de la línea de fuego escocesa, levantaron las banderas y las gaitas y corrieron hacia el frente de batalla. Hicieron tanto ruido y levantaron tanto polvo que el enemigo se retiró.

En medio de la noche, los enemigos de Gedeón escucharon el estruendo de los cántaros. Parecía el choque entre las armas y hacía eco en todo el valle. El ruido aterrorizó a los madianitas y los amalecitas. Levantaron la vista y vieron las antorchas y escucharon las trompetas que rodeaban el campamento. Supusieron que había miles de soldados allí. Entraron en pánico, creyendo que los israelitas habían contratado aliados para enfrentarlos. En la confusión del ruido y la oscuridad, dos grupos diferentes de personas con dialectos distintos salieron corriendo de sus tiendas. Los madianitas y los amalecitas se mataron entre ellos sin siquiera darse cuenta. Antes del amanecer, 120 000 madianitas y amalecitas habían muerto. ¡Lo único que hicieron Gedeón y sus 300 hombres fue pararse allí y hacer ruido para Dios!

Para lograr un impacto en el mundo en que vivimos, no hace faltan miles de personas. Si unos pocos salen a hacer ruido para Dios, y agitan la luz de la verdad en medio de la oscuridad, Dios multiplicará y magnificará sus esfuerzos. Quién sabe lo que tú y yo podríamos hacer para Cristo si verdaderamente lo intentáramos.

Cuando Gedeón y sus 300 hombres vieron al enemigo confundido, se entusiasmaron tanto que corrieron por la ladera y persiguieron a los 10 000 madianitas y amalecitas que quedaban. Después, los demás israelitas aparecieron desde las colinas aledañas y se unieron a la lucha al amanecer. Antes del final de la batalla, los israelitas ya habían aniquilado a casi todos. Los pocos sobrevivientes huyeron al desierto y jamás regresaron.

¡El que prometió mantuvo viva la promesa! Por primera vez en mucho tiempo, el enemigo respetó al pueblo de la promesa y lo dejó en paz. Tomaron una postura de fe, ahuyentaron al enemigo, y Dios les otorgó una increíble victoria mediante el liderazgo de una persona poco común y un ejército poco común. «Súper Gallina» y los «lamedores» prevalecieron.

Dios siempre se ha dedicado a lo imposible. A veces, fue la única manera de mantener viva la promesa. En general, era la única forma de recordarle al pueblo que Aquél que prometió era mayor que la promesa. La Biblia nos recuerda: «Porque no nos ha dado Dios espíritu de cobardía, sino de poder, de amor y de dominio propio» (2 Tim. 1:7, RVR60). Es una lección que todos necesitamos recordar: A Dios le interesa más que lo encontremos a Él *en medio* de las luchas de la vida que protegernos *de* esas batallas.

Para preguntarse

1. ¿Qué nos comunican las decisiones de Dios sobre Su gracia?
2. ¿Qué debilidades ve Dios en tu vida?
3. ¿Cuáles son tus mayores temores?
4. ¿Puedes aprender a confiarle a Dios esos temores?

5. ¿Qué clase de obstáculos enfrentas ahora que te atemoricen?
6. ¿Cómo sabes que Dios puede ayudarte a superarlos?
7. ¿Qué sacrificios personales deberás hacer para completar la tarea?

Para poner en práctica

¿Qué quiere Dios que le entregue, y a mí me produce miedo soltarlo?

_____

_____

_____

Reflexión final

No puedes conquistar una montaña. Puedes conquistarte a ti mismo: tus esperanzas y tus temores.

—JIM WHITTAKER, EL PRIMER ESTADOUNIDENSE
EN ESCALAR EL MONTE EVEREST

Mantén tus promesas:
¡Aun cuando te cueste caro!

Todos quieren ser amados. Por naturaleza, las personas anhelan la aceptación y temen el rechazo. Nadie quiere ser rechazado. Es más, algunos pasan toda su vida procurando la aceptación. La buscan en los negocios, los estudios, los deportes y el romance. Algunos tienen tanta necesidad de amor y aceptación que darían lo que fuera por obtenerlos.

Otros han sido rechazados tantas veces que se han dado por vencidos. Se acostumbran al rechazo como si fuera una parte normal de la vida. Por desgracia, muchas veces refuerzan ese rechazo con patrones de conducta depresiva, como el abuso de drogas o alcohol.

El libro de Jueces (caps. 10-12) incluye una extraña historia de aceptación y rechazo. También ocurre en una época en que la promesa parecía estar desvaneciéndose. Es una historia sobre cumplir con las promesas y no romper los votos. Es la historia de Jefté el galaadita: un héroe de lo más inusual.

La Biblia relata: «Jefté el galaadita era un guerrero valiente, hijo de Galaad y de una prostituta» (Jue. 11:1). De más está decir que este hijo ilegítimo no era el preferido en la familia. Es más, los otros hijos de Galaad lo expulsaron de su hogar.

Herido por el rechazo, Jefté huyó a la tierra de Tob, al borde del desierto. Allí, se rodeó de un grupo de rufianes y rebeldes. Sobrevivió, pero el dolor del rechazo seguía en su corazón.

Después de un tiempo, los amonitas de Transjordania atacaron las comunidades del distrito de Galaad. Entonces, la familia envió a buscar a Jefté para que los rescatara. ¡Qué atrevimiento! ¡Qué hipocresía! ¡Qué desesperación! Sus propios parientes lo echaron, y ahora querían que volviera a defenderlos.

El rechazo puede ser indeseado, pero suele endurecernos para afrontar las realidades de la vida. Así como el cuerpo humano crea anticuerpos contra las enfermedades, nuestra personalidad desarrolla habilidades para resistir el rechazo. Podemos

1. evitarlo,
2. atacarlo,
3. negarlo,
4. compensarlo de alguna manera.

Jefté se había transformado en un experto de la compensación. Había generado una barrera que no permitía pasar a nada ni nadie. Se había vuelto un «guerrero valiente». Podía cortarte la cabeza sin pestañear. Pero en su interior, anhelaba ser aceptado.

Nada como una crisis para arreglar las cosas

La invasión amonita era justo lo que Jefté necesitaba: una oportunidad para reconciliarse con sus parientes y ser restaurado al liderazgo y la prominencia.

Le pidieron: «Ven […] sé nuestro jefe, para que podamos luchar contra los amonitas» (Jue. 11:6).

«¿No eran ustedes los que me odiaban y me echaron de la casa de mi padre?», preguntó Jefté. «¿Por qué vienen a verme ahora, cuando están en apuros?» (Jue. 11:7).

Así que prometieron nombrarlo su capitán y colocarlo al mando de todas las ciudades de Galaad. Jefté aceptó la oferta. La necesidad no solo es la madre de los inventos, sino que suele ser la motivación de la aceptación. Sin embargo, la amenaza de un enemigo común los unió.

Jefté amaba a Dios a pesar de su historial como hijo ilegítimo de una prostituta, bandido del desierto y paria social. Era una persona de mucha fe en Dios.

Quizás, el rechazo que Jefté sintió lo había acercado más al Señor. Tal vez acudió a Él como el único que lo aceptaría. Las personas pueden sentirse rechazadas por múltiples razones:

1. Rechazo personal («No me quieres»).
2. Rechazo social («Nadie me quiere»).
3. Amor condicional («Solo me amas si…»).
4. Carencia afectiva («No me amas»).
5. Divorcio («Me abandonaste»).
6. Deserción («Nos abandonaste a todos»).
7. Disfunción («No me comprendes»).
8. Abuso («Me lastimas»).
9. Inseguridad («No me agrada mi persona»).
10. Muerte («No estás aquí para apoyarme»).

Jefté puede haber tenido que lidiar con varios de estos factores. Como muchos de los jueces de este período, tuvo que superar grandes limitaciones personales y dificultades. Sin embargo, es evidente que en algún momento, Dios lo ayudó a estar en paz con estas cuestiones.

Para superar el rechazo, tenemos que afrontar ciertas cuestiones clave en nuestra vida. Debemos

1. aceptar el amor de Dios por nosotros;
2. dejar de culparnos;
3. dejar de culpar a otros;
4. comenzar a vivir como una nueva persona.

La mayoría tiene que lidiar con el rechazo tarde o temprano. Quizás tengas que superar el rechazo de tu propio padre, madre, familia o amigos. Aunque esto puede afectar tu vida, no tiene por qué limitarla. Puedes aprender a superarlo. Es más, hasta puedes transformarte en una mejor persona gracias a eso.

¿No podemos hacer las paces?

Jefté intentó arreglar el asunto con negociaciones pacíficas, pero no funcionaron. Le envió un mensaje al rey amonita para preguntarle por qué invadía su tierra. El rey insistió en que el lugar les pertenecía y que los israelitas se lo habían robado en la conquista a manos de Josué.

«Un momento», reprochó Jefté. «Nunca luchamos con ustedes por esta tierra. Se la quitamos a otro pueblo. Además, hace más de 300 años que estamos aquí. ¿Por qué nunca presentaron este problema antes?».

No tenía sentido, pero en realidad, no tenía por qué tenerlo. Es la misma eterna pelea sobre quién es el dueño de la tierra: los judíos o los árabes. Las negociaciones no funcionaron mucho mejor que las actuales.

Por fin, Jefté presentó su caso a Dios. «Que el SEÑOR, el gran Juez, dicte hoy su sentencia en esta contienda entre israelitas y amonitas» (Jue. 11:27).

Era una apelación poco común. Reconocía que solo Dios era el soberano de la tierra. Bíblicamente hablando, Él es propietario y nosotros somos Sus inquilinos. Además, enfatizaba que Dios puede darle la tierra a quien Él elija. Sobre esta base, Jefté apeló a Dios para que resolviera el problema. Después de todo, Él era y es el Juez supremo.

Por desgracia, el rey amonita rechazó la apelación de Jefté y siguió avanzando hacia los israelitas. Los judíos y los «jordanos» se preparaban para la confrontación.

Promesas, promesas

Entonces sucedió, al igual que con Gedeón. «El Espíritu del Señor vino sobre Jefté» (Jue. 11:29, lbla). Jefté reunió un gran ejército y cruzó Galaad y Manasés, para enfrentar al enemigo en Mizpa. Camino a la batalla, hizo un voto solemne a Dios: «Si verdaderamente entregas a los amonitas en mis manos, quien salga primero de la puerta de mi casa a recibirme, cuando yo vuelva de haber vencido a los amonitas, será del Señor y [algunas versiones traducen «o»] lo ofreceré en holocausto» (Jue. 11:30,31).

Un voto era una promesa solemne a Dios. El término hebreo *nadár* expresa la idea de algo consagrado al Señor, es decir, un compromiso serio. No solo representaba la obra de una persona, sino también su carácter. Esta clase de votos no se hacía ni se tomaba a la ligera. El Salmo 50:14 afirma: «¡Ofrece a Dios tu gratitud, cumple tus promesas al Altísimo!».

En el Nuevo Testamento, Jesús nos recuerda que digamos la verdad al hacer un juramento o un voto. «Cuando ustedes digan "sí", que sea realmente sí; y cuando digan "no", que sea no» (Mat. 5:37). Mantener la palabra era visto como una cuestión seria. Significaba el cumplimiento de un voto y, en última instancia, el honor personal.

El fenómeno de los *Promise Keepers* [Cumplidores de promesas] concuerda con esta práctica bíblica. Alienta a los hombres a hacer y cumplir siete promesas básicas:

1. Honrar a Jesucristo mediante la adoración, la oración y la obediencia a la Palabra de Dios por el poder del Espíritu Santo.

2. Buscar relaciones vitales con otros hombres, y comprender que necesitamos hermanos para que nos ayuden a cumplir nuestras promesas.
3. Practicar la pureza espiritual, moral, ética y sexual.
4. Construir matrimonios y familias fuertes mediante el amor, la protección y los valores bíblicos.
5. Apoyar la misión de la iglesia al honrar al pastor y orar por él, y al dar activamente tanto tiempo como recursos.
6. Atravesar las barreras raciales y denominacionales para demostrar el poder de la unidad bíblica.
7. Influenciar al mundo, ser obediente al Gran Mandamiento (Mar. 12:30,31) y la Gran Comisión (Mat. 28:19,20).

El voto de Jefté sin duda fue sincero. Y por cierto, venció a los amonitas. Regresó a casa triunfante como el héroe de Israel, aclamado por sus vecinos y recibido por la multitud entusiasmada.

Pero cuando llegó a su casa, vio consternado cómo su propia hija corría a recibirlo danzando y tocando la pandereta (Jue. 11:34). No era una oveja ni una cabra. ¡Era su única hija! Había prometido sacrificarla a Dios en holocausto.

¿Qué haría ahora?

Muchos nuevos creyentes cometen el error de prometer demasiado. Están tan entusiasmados con su nueva vida en Cristo que quieren experimentar todo lo que pueden. Así que se ofrecen para todas las tareas de la iglesia. El problema es que a menudo lo hacen a expensas de sus familias.

Alan estaba tan comprometido con su iglesia que pasaba más tiempo allí que en su casa. Al principio, a Diane le impresionó el celo de su esposo. Pero con el tiempo, comenzó a sentirse anonadada.

—¿No puedes ayudarme a pintar la cocina? —le preguntó un sábado.

—No, tengo que ayudar a pintar el salón de reuniones en la iglesia —respondió él.

—¿Y el juego de béisbol de Danny esta tarde?

—¡Ya sabes que visito gente todos los sábados por la tarde! Tengo que ayudarle a Jack a alcanzar a esos chicos a quienes les estamos predicando.

—¿Y quién se ocupa de nuestros hijos? —exclamó Diane mientras él salía corriendo por la puerta.

Todo comenzó de manera inofensiva. Sinceramente, Alan intentaba hacer lo correcto en la iglesia. Pero se comprometió tanto que comenzó a fallar en su propia casa. Con el tiempo, le costó su familia.

Diane se dio por vencida y pensó que jamás cambiaría. Se llevó a los niños y se fue a vivir con su madre. Alan quedó pasmado y le rogó que regresara. Pero era demasiado tarde. No pudo persuadirla de ninguna manera. Al año, estaban divorciados. Diane estaba enojada con Dios y directamente dejó de ir a la iglesia. Alan quedó tan confundido y amargado que también abandonó.

Hombre de palabra

Jefté hizo un voto de buena fe. La pregunta es: ¿qué suponía? Una interpretación es que prometió sacrificar en holocausto *cualquier cosa* que saliera de su casa. En esos días, los animales solían vivir en la casa. Cualquier cosa podría haber salido de allí: una oveja, una cabra o una vaca (las cuales eran sacrificios adecuados). Un perro, un gato o incluso un ratón también podrían haber salido corriendo del lugar. Esos animales no habrían sido un sacrificio adecuado para Dios.

Por eso, algunos prefieren traducir así el pasaje: «Quien salga primero de la puerta de mi casa [...] será del Señor *o* lo ofreceré en holocausto». El original hebreo permite cualquiera de las dos traducciones. De esa manera, si lo que salía de la casa no era adecuado para sacrificio, podía dedicarse al servicio de Dios.

Por ejemplo, en los tiempos bíblicos, los animales no aptos para sacrificios podían entregarse al sacerdote y venderse. Las ganancias serían para el templo. Levítico 27 proporciona distintas cantidades a pagar por la redención de personas que habían sido prometidas al Señor, o por animales que se habían dedicado al tabernáculo.

El tema en cuestión sobre el voto de Jefté es si en realidad le quitó la vida a su propia hija y la ofreció como holocausto a Dios. Los comentarios sobre este pasaje están divididos.

Observa lo que el texto relata:

1. Jefté estaba destrozado por el voto (v. 35).
2. Su hija lo aceptó: «Haz conmigo conforme a tu juramento» (v. 36).
3. Le pidió a su padre dos meses de retraso para hacer luto porque nunca se casaría (vv. 37,38).
4. Más adelante, Jefté cumplió su voto: «Él hizo con ella conforme a su juramento» (v. 39).

La Biblia no dice explícitamente que la haya sacrificado. Solo anuncia que mantuvo su promesa al Señor. Ahora, a menudo se sugiere que Jefté era un rebelde, el hijo de una ramera, y un hombre de guerra. Por lo tanto, se supone que pudo haberla matado.

No obstante, considera las razones por las que *no* la habría matado:

1. El sacrificio de niños estaba prohibido en la ley mosaica (Lev. 20:2-5; Deut. 18:10).
2. La Escritura condena universalmente el asesinato de niños: el rey de Moab (2 Rey. 3:26,27), Acaz (2 Crón. 28:3), Manasés (2 Rey. 21:6) y Herodes (Mat. 2:16).
3. Jefté acababa de vencer a los amonitas, notorios por sacrificar niños en honor a los dioses Moloc y Quemos.

4. Dios no permitió que Abraham le entregara a Isaac en sacrificio (Gén. 22:12).
5. A Jefté se lo describe como un hombre lleno del Espíritu Santo (Jue. 11:29).
6. La hija aceptó de buena gana las consecuencias del voto: la virginidad perpetua (no la muerte).
7. Los israelitas conmemoraban este voto todos los años (Jue. 11:40). Es sumamente improbable que celebraran una decisión equivocada o pecaminosa.

La dedicación de los bebés es algo serio

Dedicar un hijo al servicio del Señor era una práctica común en el Antiguo Testamento. La madre de Samuel se lo «prestó» al Señor. Se lo presentó a Elí, el sacerdote del tabernáculo, y afirmó: «Ahora yo, por mi parte, se lo entrego al SEÑOR. Mientras el niño viva, estará dedicado a él» (1 Sam. 1:28). Samuel fue entregado al servicio de Dios poco después de que su madre lo destetara a los tres o cuatro años.

También leemos sobre unas «muchachas» que bailaban en el festival anual al Señor en el tabernáculo en Siló (Jue. 21: 19-22). Los benjamitas tomaron como esposas a las que se mencionan en este pasaje. Por lo tanto, el precedente de dedicar una hija al servicio del Señor en una vida de virginidad perpetua está bien establecido en la historia bíblica.

Creo que Jefté cumplió su voto dedicando su hija al servicio de Dios. Esto significaría que jamás podría casarse ni darle nietos. Aunque había vencido en la batalla, no tendría a nadie que perpetuara su linaje familiar. En la antigüedad, esto se consideraba una tragedia terrible.

No importa la interpretación que aceptemos sobre *cómo* cumplió Jefté su voto; lo importante es que *lo cumplió*. De cualquier manera, le costó caro. Estaba destrozado. Tenía el corazón roto porque si cumplía su promesa, no tendría herederos. Por lo tanto, su magnífica victoria fue, en el mejor de los casos, felizmente triste.

La dedicación personal a Dios

Cada vez que una pareja dedica sus hijos a Dios, en realidad se dedican ellos mismos. El significado fundamental de su acto de dedicación es la promesa de criar a sus hijos con ejemplo cristiano. La dedicación personal de papá y mamá en la crianza será el verdadero factor transformador en la vida de sus hijos.

Cuando un bebé nace en un hogar consagrado a Dios, tiene la maravillosa oportunidad de crecer en una atmósfera de compromiso con Cristo. Pero esa atmósfera sola no cambiará su vida. Tampoco lo harán las ceremonias de bautismo o dedicación. Solo el Espíritu de Dios puede transformar el corazón humano.

Por eso Dios nos desafía a criar a nuestros hijos según Sus principios. La Biblia está llena de amonestaciones a los padres:

«Grábate en el corazón estas palabras que hoy te mando. Incúlcaselas continuamente a tus hijos» (Deut. 6:6,7).

«Instruye al niño en el camino correcto, y aun en su vejez no lo abandonará» (Prov. 22:6).

«Dame, hijo mío, tu corazón y no pierdas de vista mis caminos» (Prov. 23:26).

«Hijos, obedezcan en el Señor a sus padres, porque esto es justo [...]. Padres, no hagan enojar a sus hijos, sino críenlos según la disciplina e instrucción del Señor» (Ef. 6:1,4).

El énfasis de la *responsabilidad* en la Escritura descansa exclusivamente sobre los padres. Somos responsables ante

Dios por la manera en que criamos a nuestros hijos. La Biblia deja en claro la importancia de

1. *la imagen paternal:* lo que somos;
2. *la influencia paternal:* lo que hacemos;
3. *la instrucción paternal:* lo que decimos.

Si el ejemplo contradice la instrucción, les enviamos un mensaje confuso a nuestros hijos. Por más que no nos demos cuenta, ellos nos observan y nos escuchan. Y tenemos que *mostrarles* tanto como *decirles* qué hacer. Los padres enseñan tanto con el ejemplo como con la boca.

Pregúntate: «¿Mi vida respalda lo que enseño?». ¿Estoy expresando «haz lo que yo hago» o lo que en realidad quiero decir es «haz lo que yo digo»? La coherencia es la clave para el ejemplo de los padres. Es la manera más eficaz de reforzar la instrucción y solidificar la dedicación. Cuando estás decidido a ser el ejemplo piadoso (que refleja los atributos de Dios) que tu hijo necesita, Dios lo bendecirá mediante tu influencia.

El padre es de especial importancia en el desarrollo del niño. Tus hijos necesitan saber que su papá estará cuando lo necesiten. Tienen que poder acudir a él en busca de fortaleza y seguridad. Y deben saber que pueden contar con él en cada etapa del desarrollo.

Los hijos tendrían que poder mirar a su padre y declarar: «Si alguien conoce a Dios, ¡ese es mi papá! Es evidente por la manera en que vive, habla y por las cosas que hace».

Si nuestros hijos nos miran y no se dan cuenta de lo que es verdaderamente importante, no estamos comunicando bien nuestros valores. En general, lo más importante en nuestra vida es aquello a lo que dedicamos nuestro tiempo y nuestro dinero. Y las personas con quienes pasamos nuestro tiempo probablemente son las más importantes en nuestra vida.

Si nuestros hijos evaluaran nuestra vida, ¿qué dirían sobre nuestro amor por ellos, por su madre y por Dios? Las respuestas a esas preguntas revelan quiénes somos para ellos. Además, dicen mucho sobre lo que es más importante para nosotros.

Hace poco, el Dr. James Dobson emitió un programa en Enfoque a la Familia, que enfatizó el cumplimiento de los votos matrimoniales. Allí, un invitado comentó que había empezado a escribirle notas a su esposa, resaltando los distintos elementos de sus votos matrimoniales. Según las circunstancias, le escribía una notita y añadía: «En salud y en enfermedad», «hasta que la muerte nos separe», «en prosperidad y adversidad» o «en riqueza o pobreza». Y luego, la firmaba.

Esas notitas, con frases de sus votos matrimoniales, eran su manera de decir: «Mi amor, ¡puedes contar conmigo!». Es una gran idea, de la cual todos podrían beneficiarse, porque personaliza nuestros votos y compromisos y los pone en práctica. Nos recuerda que debemos vivir lo que prometimos.

Hacer promesas es una cosa. Cumplirlas es otra. Pasar de un punto al otro se logra desde el corazón. Comienza al entregarnos por completo a Dios y dejarle que se transforme en el objeto de nuestro amor y devoción. Solo cuando nos comprometemos absolutamente con Él podemos comprometernos del todo con nuestras esposas e hijos. Recién entonces podemos cumplir de verdad nuestras promesas.

Para preguntarse

1. ¿Alguna vez te sentiste rechazado? ¿Cómo? ¿Por quién?
2. ¿Cómo lidiaste con eso (o cómo lo estás enfrentando ahora)?
3. ¿Alguna vez prometiste algo y más adelante quisieras no haberlo hecho?
4. ¿Alguna vez hiciste un voto que te costó algo importante?

5. ¿Acaso Dios nos pediría que cumpliéramos una promesa que quebrantara Su Palabra?
6. ¿Te cuesta cumplir lo que prometes?
7. ¿Qué sale mal en general?
8. ¿Qué tendrías que cambiar en el futuro?

Para poner en práctica

¿En qué áreas tienes que ser un mejor ejemplo para los demás?

_____

_____

_____

Reflexión final

*Somos llamados a manifestar a Dios y Su carácter,
por Su gracia, en esta generación.*

—Francis Shaeffer

Enfrenta tus debilidades:
Transfórmalas en tus puntos fuertes

«Vino, mujeres y comida», afirmó Bill, sacudiendo la cabeza. «Con eso lucha la mayoría de los hombres». Esperó unos segundos y añadió: «¡Y quizás también con los deportes!».

Fue toda una confesión para alguien que no acostumbraba analizarse. Es más, le costó muchísimo llegar hasta allí. Por supuesto, dejó afuera una gran lista de otras áreas problemáticas: orgullo, arrogancia, materialismo, enojo, celos, envidia, avaricia y autogratificación. Pero fue un comienzo.

La esposa de Bill ya había hecho una observación similar. «Si no le sirve para comer, beber, patear o para acostarse con ello, no le interesa», afirmó.

Después de hablar un poco de estas cuestiones, le pregunté a Bill: «¿Qué harás con estas tentaciones?».

Se echó atrás en la silla, como si le hubiera tocado un nervio sensible. Frunció el entrecejo, hizo una mueca y se defendió: «¡Oye, todo el mundo tiene debilidades! ¿Por qué tendría que ser diferente?».

Bueno, eso propone una pregunta importante: ¿Qué diferencia hay si tenemos unas pocas debilidades? Todos tenemos nuestras deficiencias, ¿no?

No eres el único que lucha con la tentación. Es un problema universal. Todo el mundo enfrenta tentaciones de una u otra manera. Para algunos, la lucha es *interior*: la culpa, el temor, la preocupación o la depresión. Para otros, es *externa*: el sexo, el dinero, la fama y la fortuna.

La Biblia nos recuerda: «Ustedes no han sufrido ninguna tentación que no sea común al género humano» (1 Cor. 10:13). No eres el único que lucha con la tentación. ¡Todos la enfrentamos! Para algunos, es una batalla diaria. Para otros, es ocasional. Pero para todos, la lucha es una realidad de la vida.

Fallamos al enfrentar la tentación porque no admitimos que es un problema. La Escritura declara: «Cada uno es tentado cuando sus propios malos deseos lo arrastran y seducen» (Sant. 1:14). La culpa recae toda sobre mí. Es mi culpa cuando soy tentado porque soy la *fuente* de la tentación.

A Bill no le gustaba adónde se dirigía la conversación. Así que me espetó: «¡Comamos y bebamos, que mañana moriremos! Esa es mi filosofía».

«Sí», admití, «pero recuerda, en general *no* morimos. ¡Solo vivimos para sufrir las consecuencias del beber y comer!».

Vivimos en una nación llena de alcoholismo, glotonería e indulgencia sexual. La autogratificación excesiva lleva a la gente a destruirse rápidamente. La verdadera tragedia es que muchos se niegan a admitirlo. No bajan la velocidad lo suficiente como para examinar lo que se están haciendo.

Un paralelo bíblico

Una de las historias más memorables de la Biblia es la de Sansón. Nació en una pobre familia judía en la periferia remota del valle de Sorec. Era una zona rural cerca de Bet Semes, que se arrimaba al límite con los filisteos durante la época de los jueces.

Fue una época difícil para los israelitas. Habían peleado durante más de 200 años para asegurar su posición en la tierra prometida. Ahora, tenían un nuevo problema: los filisteos. Este «pueblo de mar» europeo había navegado por el Mediterráneo y llegado a la costa de Israel aproximadamente en 1200 a.C. Los israelitas se retiraron a la zona montañosa e intentaron sobrevivir lo mejor que pudieron. La tribu de Dan estaba bajo muchísima presión, porque estaba rodeada de tierra filistea. Además, era la tribu más débil de las doce de Israel.

La situación era tal que los danitas desistieron de su herencia tribal y huyeron al norte (comp. Jue. 18), lo cual dejó a unas pocas familias que habitaban en «campamentos de refugiados» al borde del valle de Sorec. En una de estas familias nació Sansón. Por irónico que parezca, el hombre más fuerte de la historia vino de la tribu más débil de Israel.

Su nombre (heb. *shimshón*) significa «soleado» o «luz de sol». Puede reflejar el nombre de la cercana Bet Semes («casa del sol»). De cualquier manera, se trataba de un joven brillante con un futuro resplandeciente. A pesar de la pobreza familiar y de la debilidad de su tribu, el Espíritu de Dios dotó a Sansón de fuerza increíble y sobrehumana.

Incluso de pequeño, mientras crecía en el campamento para refugiados, Sansón demostró inusuales proezas de fuerza. La Biblia declara: «Y el Espíritu de Jehová comenzó a manifestarse en él en los campamentos de Dan» (Jue. 13:25, RVR60). Pero este inusitado galán hebreo permaneció en un relativo anonimato hasta su juventud.

Ya a los 20 años, Sansón solía ir y venir libremente por el límite con el territorio filisteo. En una de esas excursiones, se enamoró de una joven filistea de Timnat. Su debilidad principal se hizo evidente: le gustaban las mujeres.

¿Un buen muchacho judío como tú?

Este hombre errante tenía también un ojo errante. Quedó tan prendado de esta jovencita de Timnat que casi se vuelve loco.

Fue a anunciarles a sus padres: «He visto en Timnat a una joven filistea; pídanla para que sea mi esposa» (Jue. 14:2).

¡Una filistea! Estaban horrorizados. «¿Acaso no hay ninguna mujer aceptable […] en todo nuestro pueblo, que tienes que ir a buscar una esposa entre esos filisteos incircuncisos?», cuestionaron (v. 3).

Pero Sansón estaba decidido. Se había encaprichado con la muchacha. Tenía las hormonas revolucionadas. Y sus genes lo llamaban. No aceptaría un «no» por respuesta.

«¡Pídeme a ésa, que es la que a mí me gusta!», rogó.

Poner el placer antes que los principios es una receta para los problemas. Solo es cuestión de tiempo antes de que llegue el desastre.

El egoísmo, la lujuria y el orgullo de Sansón serían su perdición. Antes de nacer, el ángel del Señor se le apareció a su madre y anunció que sería un nazareo («apartado»). El voto nazareo suponía tres prohibiciones estrictas.

1. No tocar ni comer nada «impuro».
2. No tomar vino ni otras bebidas fermentadas.
3. No cortarse el cabello.

Estas eran señales externas de su compromiso interior con Dios. No se trataba de cualquier niño. Era un «niño santo», dedicado a Dios. Y el Espíritu Santo lo dotó de una singular e increíble fuerza humana. Esta fortaleza era solo un símbolo externo del llamado divino para su vida.

Los padres de Sansón accedieron de mala gana a ir con él a Timnat para conocer a los padres de la muchacha. Mientras ellos se adelantaban, Sansón se demoró en los viñedos a las afueras de la ciudad. Antes de seguir, hagamos una pregunta: ¿Qué se cultiva en los viñedos? Uvas. ¿Qué se suponía que

Sansón debía resistir? El vino. ¿Entonces qué sucede aquí? Estaba paseando por un lugar de tentación y vulnerabilidad. Probablemente, Sansón pensaba: ¡*Uvas! ¡Mira esas uvas! Me pregunto a qué saben. Una sola uva no le hace mal a nadie.* La fruta no era el problema, sino la curiosidad de Sansón. Esta lo llevó al lugar de la tentación. Entonces, Dios envió una interrupción para captar su atención.

Un león salió del viñedo y lo atacó. El Espíritu del Señor vino sobre él, y «a mano limpia despedazó al león» (Jue. 14:6). ¡Qué despliegue de fuerza! Pero la Biblia relata que «no les contó a sus padres lo que había hecho». ¿Por qué? No quería admitir su vulnerabilidad.

La cuesta resbaladiza

Sansón arrojó el cadáver del león a un lado y siguió hacia la ciudad. Tiene que haber sido un día sumamente difícil para sus padres judíos. Se sentían obligados a hacer los arreglos nupciales con esta familia gentil. Si alguna vez asististe a la boda de un creyente y un no creyente, puedes imaginar la tensión y la angustia. Fue el primer paso en la dirección equivocada.

Más adelante, cuando Sansón regresó para casarse con la filistea, volvió a entrar en los viñedos. Por curiosidad, se apartó para mirar el cadáver del león. Se sorprendió al ver que un enjambre de abejas se había instalado en el cadáver seco y lo había llenado de miel.

Sin dudar, Sansón sacó miel y la comió (Jue. 14:8,9). Hasta les dio un poco a sus padres, pero no se atrevió a decirles de dónde la había sacado. ¿Por qué no? La ley mosaica consideraba «impuro» todo lo que estaba en contacto con algo muerto. Sansón había violado la primera estipulación de su voto nazareo.

Este incidente nos permite vislumbrar el alma y el carácter de su persona. Sansón se dejaba controlar por sus sentimientos. Aunque tenía una gran fuerza, no podía controlar sus propios apetitos. Codició a la muchacha filistea. Coqueteó con la tentación. Desestimó su herencia espiritual. Quebrantó sus votos religiosos y quebrantó sus promesas.

Una transgresión fue llevando a otra. Los novios acostumbraban agasajar a los padrinos de la boda con una «fiesta de bebida» (heb. *mishté*). Era como una despedida de soltero alocada la noche antes de la boda. Lo interesante es que los arqueólogos modernos han descubierto cientos de botellas de vino, jarros de cerveza y petacas de whisky filisteos. Tenían fama de bebedores. Sansón se transformó en uno más de ellos esa noche.

Si él organizó la fiesta (comp. Jue. 14:10), podemos suponer que también bebió. Por tanto, violó la segunda estipulación del voto nazareo. El hombre santo se embriagó. El singular nazareo era ahora un «fiestero empedernido» común y corriente. Como muchos creyentes, fue más allá del límite que había prometido no cruzar jamás.

Piensa en las veces que en tu vida dijiste: «Nunca haría eso». Y sin embargo, ¡avanzaste como si nada y lo hiciste! Cuando quebrantamos nuestros votos y promesas, nos abruma la culpa. Las personas culpables se vuelven arrogantes, negativas, críticas e incluso hostiles. Un paso en falso nos lleva a una cuesta resbaladiza.

Favor con favor se paga

Sansón se sentía culpable, así que se desquitó con los filisteos durante las festividades nupciales. Les propuso un acertijo para burlarse de su ignorancia respecto a la miel en el cadáver del león: «Del que come salió comida; y del fuerte salió dulzura» (Jue. 14:14).

Los filisteos no tenían idea de qué hablaba. ¿Quién había encontrado alguna vez miel en un león? Se quedaron perplejos.

Así que acudieron a la esposa durante la fiesta de siete días, y la amenazaron.

«Seduce a tu esposo para que nos revele la adivinanza; de lo contrario, te quemaremos a ti y a la familia de tu padre» (Jue. 14:15).

En lugar de confiarle a Sansón lo sucedido, su nueva esposa lo presionó para que le revelara la adivinanza. Lo acosó y lo fastidió los siete días de la fiesta. Pero él no cedía.

«¡Me odias!», gimió. «¡En realidad no me amas! Le propusiste a mi pueblo una adivinanza, pero no me has dicho la solución» (v. 16).

Entonces, Sansón le dijo algo sumamente revelador a su esposa: «Ni siquiera se la he dado a mis padres [...] ¿por qué habría de dártela a ti?».

¡Brillante! Ponía a sus padres por encima de su esposa. Bien hecho, Sansón. ¡Ahora sí que estás en problemas!

Ella lloró y gritó aun más. Se mostró molesta y lo fastidió, hasta que Sansón no pudo soportarlo más. Por fin, cedió y le reveló el enigma el último día de la fiesta. Entonces, ella corrió a comunicárselo a los filisteos, y ellos «adivinaron» el acertijo a último momento. «¿Qué es más dulce que la miel? ¿Qué es más fuerte que un león?» (v. 18).

De inmediato, Sansón supo que lo habían traicionado. «Si no hubieran arado con mi ternera, no habrían resuelto mi adivinanza», contestó Sansón.

Solo había estado casado una semana, ¡y ya usaba nombres degradantes para referirse a su esposa! Enojado, se fue de la fiesta antes de que hubiera terminado oficialmente la ceremonia de bodas. Según la costumbre de la época, casaron a la muchacha con el padrino de la boda («su amigo íntimo», LBLA), en ausencia de Sansón.

Dos errores nunca suman un acierto

Cuando Sansón por fin regresó a Timnat, se horrorizó al descubrir que su «esposa» se había casado con otro. ¡Y explotó! No podía creerlo. Salió más enfurecido que nunca.

Juntó 300 zorras (o chacales), les ató las colas en parejas, les prendió fuego y las soltó en los campos de trigo. Los animales asustados corrieron por todas partes, incendiando los campos. El fuego se esparció descontrolado y quemó los viñedos y los olivares filisteos.

Dos errores nunca suman un acierto. Los filisteos estaban tan enojados por esta terrible pérdida que les echaron la culpa a la muchacha y su padre, y los quemaron vivos en su casa. La misma suerte que ella quiso evitar al revelar la adivinanza le sobrevino igualmente. No confió en su propio esposo, y eso le costó la vida.

Mientras tanto, los filisteos persiguieron a Sansón. Sus propios compatriotas de la tribu de Judá se lo entregaron. Pero cuando los filisteos fueron a atraparlo, «el Espíritu del SEÑOR vino sobre él con poder» (Jue. 15:14). El «Hulk hebreo» se desató, tomó una quijada de asno y asesinó a 1000 filisteos.

Cuando terminó el día, los cadáveres estaban esparcidos por todas partes. El resto de los hombres había huido. Y Sansón se paró victorioso, quijada en mano. Solo quedaba un problema: ¡era un elemento «impuro»!

¿Alguna vez aprenderemos?

La Biblia relata que después de su primer enfrentamiento con los filisteos, Sansón juzgó a Israel durante 20 años (Jue. 15:20). Lo mismo se repite luego de su infame encuentro con Dalila (Jue. 16:31). Por lo tanto, se supone que pasaron 20 años entre su matrimonio con la muchacha en Timnat y su romance con Dalila.

La terrible tragedia de la vida de Sansón fue que no aprendió la lección la primera vez. Había aniquilado suficientes filisteos como para que le temieran. Andaba sin control, e incluso incursionaba en distintas ciudades filisteas como Gaza, en donde arrancó las puertas de la ciudad (Jue. 16:1-3).

Pero la vieja debilidad seguía allí: un corazón lujurioso, un ojo lascivo, y deseos egoístas. Durante esos 20 años, los filisteos habían dejado en paz a los israelitas por temor a Sansón. Era como un ejército individual y los filisteos mantenían distancia. Aproximadamente a los 40 años, Sansón se enamoró de una célebre belleza filistea llamada Dalila. No era una inexperta, como la primera muchacha. Dalila era una mujer madura, sensual y egoísta. Sabía cómo manipular a un hombre con sus atributos femeninos.

Su aventura amorosa atrajo la atención nacional. Al poco tiempo, los líderes filisteos fueron a visitarla. Cada uno prometió darle 1100 monedas de plata si les entregaba a Sansón. Los historiadores explican que cinco «jefes» (heb. *serén*) gobernaban a los filisteos. Es decir, le estaban ofreciendo 5500 piezas de plata: una inmensa fortuna para la época.

Un juego mortal entre amantes

Siempre me imaginé a Dalila como un personaje interpretado por Joan Collins: madura, hermosa, sensual, astuta, egoísta y totalmente perversa. Con solo leer el texto bíblico, obtenemos esa idea. Ni siquiera dudó antes de acceder a entregar a Sansón. Rápidamente, comenzó el juego mortal entre amantes que le costaría la vida a Sansón.

«Dime el secreto de tu tremenda fuerza, y cómo se te puede atar y dominar», sugirió (Jue. 16:6).

Este sencillo pedido pronto se transformó en parte de un juego cotidiano entre ellos. Dalila admiraba su gran fuerza y le preguntaba: «¿Cómo podría hacer alguien pequeñita como yo para atar a alguien grande como Sansón?».

Lo que llama la atención es que él le seguía la corriente. «Si se me ata con siete cuerdas de arco que todavía no estén secas, me debilitaré y seré como cualquier otro hombre» (Jue. 16:7).

Las cuerdas de arco se usaban en la batalla, y ella no tenía ninguna. Así que los filisteos se las proveyeron. Dalila lo ató mientras dormía. Luego, gritó: «¡Sansón, los filisteos se lanzan sobre ti!». Sansón saltó y rompió las cuerdas sin problema.

«¡Te burlaste de mí!», protestó Dalila. «¡Me dijiste mentiras! Vamos, dime cómo se te puede atar» (Jue. 16:10).

Y el juego continuó, probablemente durante varios días o incluso semanas. Cada vez que Sansón iba a verla, Dalila le preguntaba cómo podía atarlo.

«Si se me ata firmemente con sogas nuevas, sin usar [...] me debilitaré y seré como cualquier otro hombre», afirmó Sansón (Jue. 16:7).

Dalila tenía sogas. Así que lo ató ella sola.

«¡Sansón, los filisteos se lanzan sobre ti!», gritó.

Una vez más, él se despertó y rompió las sogas. Y otra vez, ella protestó. Tal vez hizo una mueca de llanto. Quizás lo provocó. Al final, insistió: «¡Hasta ahora te has burlado de mí, y me has dicho mentiras! Dime cómo se te puede atar» (Jue. 16:13).

Su pedido suponía un elemento de confianza. «¿Es que no confías en mí como para contarme tu secreto?». En otras palabras, ¿cómo podía hacerle el amor, aprovecharse de ella, y no revelarle su gran secreto?

Transigir siempre nos lleva a ceder. Una vez que comenzamos a bajar por la cuesta resbaladiza del pecado, es difícil volver.

Cuando bajamos la guardia

Sansón comenzó a debilitarse. «Si entretejes las siete trenzas de mi cabello con la tela del telar, y aseguras ésta con la clavija [...] me debilitaré y seré como cualquier otro hombre» (Jue. 16:13).

No era la verdad, pero estaba peligrosamente cerca. Estoy seguro de que ella también lo sabía. Era una mujer con experiencia. Probablemente, se daba cuenta de que le había mentido hasta entonces. Por eso seguía indagando para descubrir el secreto.

En los hogares del antiguo Cercano Oriente, solía haber un telar sujeto de una viga transversal en el techo.

Toda mujer de buena posición tenía uno. En general, era su pertenencia más preciada. No sé si Dalila usaría mucho el suyo. Sin perder tiempo, se puso a trenzar el cabello de Sansón, entretejiéndolo con la tela del telar.

Este cabello, quizás pensó. *¿Para qué tanto cabello? ¡Por fin, terminé!*

Entonces, volvió a gritar: «¡Sansón, los filisteos se lanzan sobre ti!».

Esta vez, Sansón se levantó, sacudió la cabeza, y «arrancó la clavija y el telar, junto con la tela» (Jue. 16:14).

«¡Ya es suficiente!», puede haberle gritado. «¡Me arruinaste la máquina de coser!».

Al parecer, le hizo una escena y lo reprendió. Entonces, él intentó consolarla y le afirmó su amor. Pero ella estaba demasiado enojada como para responder. Evidentemente, lo rechazó.

«¿Cómo puedes decir que me amas, si no confías en mí?», demandó. «Ya van tres veces que te burlas de mí, y aún no me has dicho el secreto de tu tremenda fuerza» (Jue. 16:15).

Ahora, Sansón estaba a la defensiva. Dalila siguió molestándolo día tras día. La Biblia dice que lo acosó hasta hacerlo sentir harto de la vida (Jue. 16:16). Ya no soportaba más. Por fin, bajó la guardia y le contó todo.

Un corte de cabello en la peluquería del diablo

«Nunca ha pasado navaja sobre mi cabeza —le explicó—, porque soy nazareo, consagrado a Dios desde antes de nacer. Si se me afeitara la cabeza, perdería mi fuerza, y llegaría a ser tan débil como cualquier otro hombre» (Jue. 16:17).

Esta vez, ¡sabía que lo tenía! Se dio cuenta de que por fin le decía la verdad. Su tono de voz y su expresión lo delataron. La versión Reina Valera declara que le descubrió «todo su corazón». Una mujer se da cuenta cuando le mienten, y sabe si un hombre es sincero con ella. El resto había sido un juego, pero esta era la verdad.

De inmediato, Dalila mandó a llamar a los jefes filisteos y les pidió que trajeran la plata consigo.

«Vuelvan una vez más, que él me lo ha confiado todo», les instó (Jue. 16:18).

Mientras Sansón dormía sobre la falda de Dalila, un hombre entró a hurtadillas a la habitación y le afeitó la cabeza. Entonces, Dalila comenzó a golpearle el pecho y gritar: «¡Sansón, los filisteos se lanzan sobre ti!».

Sin embargo, ella era la principal filistea que lo atormentaba. ¡Lo odiaba! Tal vez detestaba a todos los hombres. Estaba cansada de que la usaran, y era su turno. Ahora era rica y libre. Muchos hombres han perdido su dignidad por una mujer, pero Sansón perdió mucho más.

Haré lo mismo que antes, pensó Sansón, *y me libraré*. Pero no se dio cuenta de que Dios lo había abandonado (Jue. 16:20).

Allí estaba… totalmente calvo. Su hermoso cabello no estaba más. Arremetió contra los filisteos con desnuda estupidez.

Esta vez, lo capturaron y le sacaron los ojos. Después, lo ataron con cadenas de bronce y lo encerraron en la prisión de Gaza. Lo llevaron a la misma ciudad de donde se había robado las puertas. Pero esta vez, estaba calvo, ciego, y atado. El «Hulk hebreo» había sido sometido.

Cómo enfrentar la tentación

Sansón no supo enfrentar la tentación y pagó un precio terrible. La Biblia nos recuerda que con cada tentación, Dios proporciona una «vía de escape» (1 Cor. 10:13, LBLA). Pero tenemos que estar dispuestos a aceptarla. A continuación, enumero varios pasos prácticos para enfrentar la tentación:

1. *Examínate*. El auto análisis sincero es el primer paso

hacia el progreso. Para renovar tu vida, tienes que ser sincero con Dios y contigo mismo.

2. *Admite que tienes un problema.* Racionalizar tus pecados no los resuelve. Confiesa tus faltas al Padre, y deja de negar lo evidente. Reconoce tus debilidades y decide hacer algo al respecto.

3. *Cree que Dios puede cambiar tu vida.* Los creyentes desconfiados nunca vencen. Dios ha prometido librar a aquellos que en Él confían. Necesitas más fe, no más esfuerzo personal.

4. *Comprométete del todo.* En la batalla contra la tentación, no hay victorias a medias. La rendición total a la voluntad de Dios es la clave para la victoria. Debes llegar al punto en que dejes que Dios tome el control total de tu vida.

5. *La renovación es un trabajo a tiempo completo.* A diario, pon en práctica tu nuevo compromiso: lee la Palabra, ora al Padre, llénate del Espíritu, vive como un creyente, y deja que Dios cambie tu vida.

6. *¡Utiliza la «vía de escape»!* Mantente alejado de la fuente de tu tentación. No pases tiempo en lugares vulnerables con personas cuestionables. Cuando el Espíritu de Dios traiga convicción a tu corazón, escucha… ¡y huye!

Cada uno de nosotros tiene una «ventana de tiempo» para utilizar la «vía de escape». Sansón esperó demasiado y le costó caro. Las consecuencias de su pecado fueron la humillación y la derrota. Los filisteos lo llevaron a Gaza y lo encadenaron a un molino triturador. El hombre traicionado por una mujer fue sentenciado a hacer el trabajo que correspondía a las mujeres.

Cuando se te acaban las opciones

Mientras tanto, la Biblia observa que el cabello de Sansón

comenzó a crecer otra vez (Jue. 16:22). Pero su fuerza no regresó, porque no dependía del largo de su cabello. Venía del Espíritu de Dios. Recuerda, el cabello era solo un símbolo externo de su dedicación interior. Como ya había quebrantado las otras estipulaciones del voto nazareo, su largo cabello era la única que quedaba. Al cortarlo, el poder del voto se rompió por completo.

Si la fuerza de Sansón hubiera regresado al crecerle el cabello, los filisteos se lo habrían afeitado con regularidad. Pero no era necesario. En cambio, intentaron reírse a sus expensas, al colocarlo en exhibición durante un festival de Dagón, el dios filisteo de los cereales. Así que lo ataron a los pilares del templo, mientras 3000 hombres y mujeres se reían y lo abucheaban.

Entonces, Sansón se arrepintió de verdad por primera y última vez. «Oh Dios», oró, «te ruego que me fortalezcas sólo una vez más [...] ¡Muera yo junto con los filisteos!».

Un guerrero ciego no podía hacer mucho más. Nadie lo seguía, no tenía soldados ni ejército. Recuerda, siempre había sido un ejército individual. Pero ahora, ya no podía ver al enemigo. Matar a miles de filisteos con su propia muerte era lo único que podía hacer.

Es más, fue el único acto abnegado de su vida. Su propia muerte constituyó el sacrificio por todos sus errores.

Sansón se apoyó en los pilares del templo de estilo griego, y los deslizó quitándolos de las piedras que los sostenían. El peso del techo de piedra cambió, y toda la estructura se derrumbó como un mazo de cartas. Un terremoto no podría haber sido más devastador. Los escombros quedaron desparramados por todas partes, con miles de cuerpos contorsionados y sufrientes, aplastados debajo de las piedras del edificio.

Miles de filisteos murieron junto con Sansón. La familia de Sansón, como los demás dolientes, desenterró su cuerpo de los escombros y se lo llevó para enterrarlo. Fue un día oscuro en la historia de Israel. Su guerrero más potente había muerto. Y las esperanzas y los sueños del pueblo de Dios murieron con él.

La promesa nunca pareció más sombría que en esa época. Las concesiones morales llevaron a un colapso político y una catástrofe civil. Al final del libro de Jueces, lo único que pudo decir el escritor fue: «En aquella época no había rey en Israel; cada uno hacía lo que le parecía mejor» (Jue. 21:25).

Sin embargo, Dios no había olvidado Sus promesas. Todavía se dedicaba a transformar las debilidades en puntos fuertes. Todavía podía sacar luz de la oscuridad.

Para preguntarse

1. ¿Por qué te resulta tan difícil admitir tus debilidades?
2. ¿Cuáles son tus debilidades? ¿Qué te hace vulnerable a la tentación?
3. ¿Alguna vez comprometiste tus convicciones para satisfacer tus deseos?
4. ¿Qué sale mal cuando rompemos nuestras promesas a Dios?
5. ¿Qué hábitos molestos siguen siendo puntos problemáticos en tu vida cristiana?
6. ¿Los estás enfrentando con sinceridad, o sigues negándolos?

Para poner en práctica

¿Qué cambios son necesarios en tu vida para que evites el desastre personal?

_____

_____

_____

Reflexión final

*Es imposible llegar a la victoria
por el camino más fácil.*

—Winston Churchill

9

BOOZ

Alcanza a los demás:
En especial a los que son diferentes

«¡Mi esposo no quiere hablar conmigo!».
Se quejó Kelly. «Sé que me quiere,
pero no sabe cómo expresarlo. ¡Somos tan diferentes!».

La comunicación es esencial para un matrimonio eficaz,
y sin embargo, a algunas parejas les resulta sumamente difícil
expresar sus verdaderos sentimientos. Las emociones están
en su interior, pero quedan reprimidas. El amor que no se
expresa suele interpretarse como falta de amor. En algunos
casos, hasta puede percibirse como resentimiento o rechazo.

Brian y Kelly habían estado casados durante tres años.
No se vislumbraban grandes problemas matrimoniales. Sin
embargo, había muchísima frustración. Intentaban hablar al
respecto, pero siempre terminaban en un confuso silencio.

—Uno de ustedes tiene que estar dispuesto a establecer el
contacto con el otro —sugerí—. Será necesario ser valiente y
comprometerse, pero no pueden seguir callados.

—Yo estoy dispuesta —susurró Kelly—. ¿Pero qué sucede si él no responde?

—No eres la primera mujer con esa inquietud —afirmé—. Rut lo hizo, ¡y le funcionó!

El librito de Rut es como un rayo de sol al final de un largo y oscuro túnel. Originalmente, era parte de Jueces. Fue el único rayo de esperanza luego de 300 años de fracaso y sufrimiento. Justo cuando parecía que todo salía mal, Dios le recordó a Su pueblo que todavía estaba protegiendo la promesa.

En la superficie, la promesa parecía más confusa que nunca. Nadie adoraba a Dios, nadie obedecía Su ley, y el Mesías no había aparecido. Muchos creían que no había esperanza para el futuro.

El pronóstico era sombrío cuando Elimélec («Dios es mi Rey») y Noemí («placentera») abandonaron Belén por una época de hambre. *Sin duda, todo será mejor al llegar a Moab,* pensaron. Así que salieron con sus dos hijos, *Majlón* («enfermo») y *Quilión* («lánguido») para ir a vivir entre los enemigos de Israel, los moabitas.

Moab era un lugar extraño para encontrar una vida mejor. Era una tierra poblada de gente que por mucho tiempo había negado a Jehová para adorar a otros dioses. Los moabitas eran famosos por sus rituales paganos, incluyendo el sacrificio infantil. No era el lugar ideal para comenzar de nuevo.

Cuando todo sale mal

Mientras estaban en Moab, Elimélec murió. Con el tiempo, Majlón y Quilión se casaron con mujeres moabitas llamadas Rut y Orfa. Al principio parecían felices, pero pronto también los muchachos fallecieron. En diez breves años, Noemí perdió a su esposo y sus dos hijos.

El libro de Rut está escrito como una obra de cuatro actos. Cuando sube el telón en la primera escena, vemos a las tres viudas llorando juntas sobre los campos de Moab. Deshecha y desamparada, Noemí les anuncia que regresará a su hogar en Belén.

«Vuelva cada una a la casa de su madre», les sugirió a sus nueras. «Que el Señor las trate a ustedes con […] amor […]. Que el Señor les conceda hallar seguridad en un nuevo hogar, al lado de un nuevo esposo» (Rut 1:8,9).

En esa época, la vida era difícil para las viudas. No tenían seguridad, ingreso económico ni medios para trabajar. Sobrevivir era lo máximo que podían esperar. No había programas de asistencia social para los pobres. Su única esperanza real era que sus parientes las aceptaran de regreso.

La sugerencia de Noemí le pareció razonable a Orfa. Así que se despidió de Noemí y regresó con su familia. Pero Rut no quiso irse. Se aferró a la falda de Noemí.

«Tu cuñada se vuelve a su pueblo y a sus dioses», argumentó Noemí. «Vuélvete con ella» (Rut 1:15).

Era una súplica desesperada, de boca de una mujer desesperada. Noemí sabía lo que la esperaba en Belén: rechazo, burlas y desdén.

Rut estaba decidida a ir con ella. «¡No insistas en que te abandone o en que me separe de ti!», le rogó. «Porque iré adonde tú vayas, y viviré donde tú vivas. Tu pueblo será mi pueblo, y tu Dios será mi Dios. Moriré donde tú mueras, y allí seré sepultada. ¡Que me castigue el Señor […] si me separa de ti algo que no sea la muerte!» (Rut 1:16,17).

¡Qué compromiso! ¡Qué ruego! ¿Cómo podía negarse Noemí? El compromiso de Rut con su suegra era mayor que el de algunos matrimonios. Había un lazo inquebrantable entre ellas. Juntas, se dirigieron a una cita con el destino.

Un nuevo comienzo

La promesa tenía que cumplirse, y Dios escogió específicamente a estas dos viudas para mantenerla viva. No hubo ningún despliegue de fuegos artificiales, simplemente el amor de una nuera. Pero era todo lo que Dios necesitaba. Él se encargaría del resto. El que había prometido sustentaría la promesa.

Cuando llegaron a Belén, todo el pueblo salió a recibirlas. Era una visión digna de ser vista: una judía con una nuera moabita. El prejuicio racial no es nada nuevo. Ha existido siempre.

«¿Será esa Noemí?». En esa época, era difícil disimular la edad. El tiempo había dejado su marca sobre ella: arrugas, cabello gris, y todo lo demás.

«Ya no me llamen Noemí [placentera]», se lamentó. «Llámenme Mara [amarga], porque el Todopoderoso ha colmado mi vida de amargura» (Rut 1:20,21).

El nuevo nombre de Noemí indica que era una mujer destrozada. Seguramente, conocía la instrucción del Señor para Su pueblo sobre no abandonar su herencia. La tierra tenía que permanecer en la familia, como regalo de Dios. Pero ella y Elimélec no habían cumplido con esto. Habían buscado fortuna en Moab, pero habían perdido todo.

Como muchos esposos, Elimélec probablemente sugirió que les podía ir mejor en otra parte. Así que abandonaron la seguridad de la familia y los amigos, y se fueron solos. De la poca información que tenemos, podemos inferir que no les fue bien. La tragedia llega a solo tres versículos del primer capítulo. En poco tiempo, Noemí se quedó sin protección masculina para ella y las muchachas. *Al menos en Belén, nuestros parientes quizás se compadezcan de nosotras*, pensó seguramente.

Rut y Noemí llegaron a Belén durante la cosecha de cebada, y se alojaron en la casa de un pariente. No era mucho, pero al menos era un nuevo comienzo. Una oportunidad de recuperar el aliento y volver a comenzar.

Los tiempos han cambiado

Hay dos conceptos fundamentales en el libro de Rut. El

primero es *teológico*. Es el concepto del pariente cercano o redentor. Este pariente podía redimir con dinero a otro de tres condiciones básicas:

1. *la esclavitud*: le otorgaba libertad;
2. *la viudez*: se casaba con el otro;
3. *la orfandad*: lo adoptaba como hijo.

El segundo concepto es *social*; la práctica del matrimonio levirato (comp. Deut. 25:5). El levirato le permitía a una viuda casarse con el hermano o primo disponible más cercano del esposo fallecido. Esto se hacía para preservar la simiente del difunto. Proporcionaba una manera de que su linaje continuara. Además, les daba seguridad a las viudas más jóvenes, que no podían mantenerse solas.

Los dos conceptos, el del pariente-redentor y el levirato, son esenciales para comprender el libro de Rut. Como viuda, Rut necesitaba con desesperación encontrar a un pariente de su esposo que se casara con ella y la redimiera de su viudez. No obstante, como era moabita, la posibilidad de que un pariente israelita la aceptara era mínima.

La cosecha estaba en plena producción. Había mucho cereal en Belén («casa de pan»). Así que Rut se ofreció a espigar en los campos. El espigador seguía al segador, la persona que cosechaba. Como se segaba a mano, siempre caían algunas espigas al suelo. Ahí estaba la tarea del espigador: recogía las sobras.

En cierta manera, el espigueo era el programa de asistencia social de Israel. A los pobres se les permitía espigar las sobras de los cereales en los campos. Pero tenían que trabajar duro para poder comer. Al final del día, el espigador podía tener apenas un puñado de cereal.

Así que Rut escogió un campo para espigar y comenzó a seguir a los segadores. Por casualidad, escogió un campo que le pertenecía a Booz, un hombre acaudalado de Belén. Ella no sabía quién era; ni siquiera sabía adónde se encontraba.

Sencillamente, trabajó junto con las demás muchachas toda la mañana.

Una cita con el destino

Con el correr del día, Booz vino desde Belén a inspeccionar la cosecha. «¡Que el Señor esté con ustedes!», saludó a los cosechadores.

«¡Que el Señor lo bendiga!», le respondieron.

Entonces, la vio: la moabita que segaba en su campo. Esta sí que fue una historia de amor a primera vista.

«¿De quién es esa joven?», le preguntó a su criado.

«Es una joven moabita que volvió de la tierra de Moab con Noemí», respondió este. Luego, explicó por qué le había permitido estar allí, pero no era necesario. Booz mostró mucho interés.

Con el corazón acelerado, se acercó a prisa a conocer a la muchacha. «Escucha, hija mía», le pidió. «No vayas a recoger espigas a otro campo [...]. Quédate junto a mis criadas, fíjate bien en el campo donde se esté cosechando, y síguelas. Ya les ordené a los criados que no te molesten» (Rut 2:8,9).

A Rut la conmovió su generosidad. Bajando el rostro, se inclinó a tierra y preguntó: «¿Cómo es que le he caído tan bien a usted, hasta el punto de fijarse en mí, siendo sólo una extranjera?» (Rut 2:10).

Booz le explicó que había escuchado cómo había llegado a Belén con su suegra, y la bendición que había sido para ella. También mencionó que se había enterado de que había creído en el Señor, y que ahora buscaba refugio en Su pueblo.

Supera las barreras

Aquí vemos a un hombre judío y una muchacha gentil, conversando en los campos de Belén. Los dos estaban traspasando las barreras sociales, religiosas y culturales que tendrían que haberlos separado. No obstante, Rut se conmovió por la manera afable con que la trató. Probablemente, se ruborizó mientras le hablaba. Era un hombre famoso en Belén. Uno de los caballeros más importantes de la ciudad. ¡Y era soltero!

«¡Que el Señor te recompense por lo que has hecho!», afirmó Booz.

«¡Ojalá siga yo siendo de su agrado, mi señor!», contestó Rut.

Fue el comienzo de un romance increíble. Amor a primera vista… como verás, puede suceder. Al menos, en el caso de ellos.

Cuando Rut regresó a espigar, Booz le instruyó a su criado que la dejara trabajar incluso entre las gavillas (el cereal sin cortar). Es más, les sugirió que dejaran caer espigas para que ella las recogiera. Eso sí que es amor verdadero… ¡espigas a propósito! El primer día, llenó una canasta con 27 kilos (1 fanega) de cereal. Tenía tanto que apenas si pudo llevarlo hasta su casa.

Noemí no podía creerlo. ¡Había suficiente cereal para un mes!

—¿Dónde recogiste espigas hoy? —preguntó.

—El hombre con quien trabajé se llama Booz —contestó Rut.

Esta vez, Noemí quedó estupefacta. —¡Que el Señor lo bendiga! —exclamó—. Ese hombre es nuestro pariente cercano; es uno de los parientes que nos pueden redimir (Rut 2:20).

Noemí sabía lo que esto significaba, aunque Rut no. Era demasiado bueno para ser verdad. El hombre más codiciado y adinerado de todo Belén se había fijado en la muchacha gentil. ¿Acaso podría estar interesado en redimirla?

Algunas cosas nunca cambian

Rut pudo seguir espigando en los campos de Booz hasta el final de la cosecha. Con el correr de las semanas, ella y Noemí comenzaron a preguntarse si se animaría a demostrar interés en ella. Como no lo hizo, Noemí decidió que Rut tendría que dar el primer paso. Así que le aconsejó que fuera y le propusiera matrimonio. «¿De veras está eso en la Biblia?», me preguntó una vez una mujer soltera.

«¡Sin duda!», respondí. «Lee Rut capítulo 3. A ella le funcionó».

Noemí se dio cuenta de que se les acababa el tiempo. Pronto terminaría la cosecha. Era momento de actuar.

«Él va esta noche a la era para aventar la cebada», le dijo Noemí.

Cuando estaba por finalizar la cosecha, el terrateniente iba a supervisar cómo aventaban la cebada. Se arrojaba el cereal al viento para separarlo de la paja. Era un proceso largo y lento, que se hacía con una pala de mano. Noemí sabía que Booz estaría exhausto al final del día. ¡Era el momento perfecto para actuar!

«Báñate y perfúmate», le aconsejó la suegra judía a su nuera moabita. «Y ponte tu mejor ropa» (Rut 3:3).

¡Algunas estrategias nunca cambian! La vieja Noemí sabía que Rut causaría una mejor impresión si se arreglaba bien. Nada como tu mejor vestido y un poco de perfume para volverlo loco.

Y probablemente, Booz estaba exhausto del trabajo del día. No tenía demasiada energía para resistirse… aunque quisiera.

«Cuando se vaya a dormir […] le destapas los pies, y te acuestas allí», le indicó Noemí a Rut. «Verás que él mismo te dice lo que tienes que hacer» (Rut 3:4).

Hoy nos parece una extraña maniobra, pero en esa cultura era completamente normal. Destaparle los pies era una inconfundible propuesta de matrimonio.

Cuando Booz despertó, sobresaltado al encontrar una mujer acostada a sus pies, Rut habló: «Extienda sobre mí el borde de su manto, ya que usted es un pariente que me puede redimir» (Rut 3:9).

Ella se le declara a él

Rut le estaba pidiendo que la recibiera para poder protegerla. Apeló a él como su pariente-redentor (heb., *gaal*). Solo un hombre libre que fuera un pariente cercano de su difunto esposo podía redimirla. Tenía que:

1. ser libre,
2. ser soltero,
3. ser un pariente,
4. tener el dinero para pagar la redención,
5. estar dispuesto a pagarla.

Booz cumplía con todos estos requisitos, a pesar de que era bastante mayor que Rut. Le aseguró que estaba dispuesto a aceptar su propuesta.

«Que el Señor te bendiga, hija mía», le dijo de modo reconfortante. «No tengas miedo. Haré por ti todo lo que me pidas […]. Eres una mujer ejemplar» (Rut 3:10,11).

¡Qué declaración de sus virtudes, su dignidad y su carácter! A Booz lo impresionó la devoción de Rut a Noemí. También le llamó la atención que lo prefiriera a él en lugar de a un hombre más joven.

No obstante, había un problema.

«Aunque es cierto que soy un pariente que puede redimirte, hay otro más cercano que yo», le dijo Booz (Rut 3:12).

¡Había otro! No podía soportar la idea. Pero Booz le aseguró que intentaría resolverlo. Le explicó que tendría que encontrarse con el otro pariente por la mañana para aclarar su derecho de redimirla.

«Si él quiere redimirte, está bien que lo haga» añadió Booz. «Pero si no está dispuesto a hacerlo, ¡tan cierto como que el Señor vive, te juro que yo te redimiré!» (Rut 3:13).

Rut apenas si podía contenerse cuando regresó a su casa. Las palabras de Booz hacían eco en sus oídos. Lo quería a él, no al otro. Era el amor de su alma. Era el hombre que le había demostrado gracia y bondad, y su corazón latía para él. No soportaba la idea de perderlo.

«Espérate, hija mía, a ver qué sucede», musitó Noemí. «Porque este hombre no va a descansar hasta dejar resuelto este asunto hoy mismo» (Rut 3:18). Era su manera de tranquilizar a Rut y afirmarle que todo saldría bien.

Tengo un excelente negocio para ofrecerte

Cuando salió el sol en Belén, Booz ya estaba junto a la puerta de la ciudad, donde se hacían los negocios en esa época. Tarde o temprano, sabía que aparecería el otro pariente. Y sin duda, llegó pronto.

«Ven acá, amigo mío, y siéntate», dijo Booz. Luego de saludarse y charlar un poco, Booz fue directo al grano. «Noemí […] está vendiendo el terreno que perteneció a nuestro hermano Elimélec» (Rut 4:3).

En el antiguo Israel, la tierra solo podía venderse a los parientes porque se la consideraba un regalo de Dios, o «herencia del Señor». No se la podía vender a extraños. Suponiendo que este pariente quisiera el terreno, Booz le informó de su derecho de redimirlo.

«Yo lo redimo», anunció este hombre.

Recién entonces, Booz explicó que también tendría que redimir a Rut, la moabita. «El día que adquieras el terreno de Noemí, adquieres también a Rut la moabita, viuda del difunto, a fin de conservar su nombre junto con su heredad» (Rut 4:5).

El pariente se negó. Estaba dispuesto a quedarse con la propiedad pero no con la muchacha. «Entonces no puedo redimirlo […] porque podría perjudicar mi propia herencia. Redímelo tú; te cedo mi derecho. Yo no puedo ejercerlo» (Rut 4:6).

Con esta afirmación, el primer pariente transfirió su derecho de redención a Booz. Podía pagar el precio, pero no quería, por sus otros compromisos anteriores. Quizás estaba comprometido con otra mujer.

«Hoy son ustedes testigos», anunció Booz a los ancianos de la ciudad, que se habían reunido con ellos en la puerta, «de que he tomado como esposa a Rut la moabita, viuda de Majlón» (Rut 4:9,10).

Entonces, intercambiaron sandalias sobre el asunto; otra costumbre extraña. Significaba que dabas tu palabra sobre el negocio. Si no cumplías, el otro hombre te agitaba tu propia sandalia en la cara, para recordarte que ya no podías caminar entre el pueblo con honestidad y dignidad. Era como un recibo o factura de ventas.

«Somos testigos», afirmaron los ancianos. «¡Que el Señor haga que la mujer que va a formar parte de tu hogar sea como Raquel y Lea, quienes juntas edificaron el pueblo de Israel!» (Rut 4:11).

Se referían a las esposas de Jacob, las madres de los patriarcas. Una interesante nota al margen: Raquel había muerto siglos atrás allí en Belén. Y ahora, los principales de la ciudad bendecían a Booz, uno de los descendientes de Lea mediante la tribu de Judá.

Construir un matrimonio exitoso lleva toda una vida de compromiso. Hace falta tiempo, paciencia, energía y valor. Un matrimonio eficaz se caracteriza por:

1. un compromiso para toda la vida,
2. esfuerzo continuo,
3. disposición para comprender,
4. el desarrollo de una actitud servicial,
5. consideración por tu cónyuge,
6. crecimiento y madurez espirituales,
7. llegar a ser verdaderamente abnegado,
8. rendición de cuentas y credibilidad,
9. comunicación sincera,
10. amor genuino y lleno del Espíritu.

Extenderle la mano al otro afirma: «Me interesas, te necesito, y te amo». Todo matrimonio necesita de esa clase de esfuerzo si los dos cónyuges quieren conocer la verdadera satisfacción.

Su renombre es nuestra suerte

Booz y Rut se embarcaron en una de las grandes aventuras de la vida: formar una familia. Su amor mutuo inició el matrimonio. Pero el compromiso entre ellos dio comienzo a la familia. Y esta cambió el curso de la historia.

«¡Que seas un hombre ilustre en Efrata, y que adquieras renombre en Belén!», le gritaron los ancianos a Booz. ¡Y así fue! El redentor había pagado el precio de la redención. La promesa estaba asegurada. El linaje del Mesías sería preservado.

Booz, el judío acaudalado de Belén, se casó con Rut, la viuda gentil de Moab. Fue un matrimonio maravilloso. Pronto, fueron bendecidos con un hijo llamado Obed. Entonces, las mujeres de la ciudad se juntaron y se gozaron: «¡Alabado sea el SEÑOR, que no te ha dejado hoy sin un redentor! ¡Que llegue a tener renombre en Israel!» (Rut 4:14).

Es imposible leer esta poderosa historia de amor sin hacer una comparación evidente. Belén era la misma ciudad pequeña que vería nacer a otro habitante famoso: el Señor Jesús. Al igual que Booz, también se transformaría en un Pariente-Redentor. Libre de la esclavitud del pecado, apto y dispuesto a pagar el precio de la redención con Su propia sangre, nos redimiría del cautiverio espiritual y de la orfandad para adoptarnos como hijos, y nos libraría de la viudez para hacernos Su esposa.

El Pariente-Redentor, rico en justicia, pagaría el precio de nuestra redención. Redimiría a una novia gentil y se casaría con ella. Nacido de una virgen en Belén, de la tribu de Judá y la simiente de David, Él es el Mesías: el cumplimiento supremo de la promesa. Y nosotros somos su esposa indigna, que solo puede caer de rostro al suelo y preguntar: «¿Por qué he hallado gracia en tus ojos para que me reconozcas?».

Jesús, el Salvador, vino de Belén para encontrarnos trabajando como esclavos entre las sobras del campo de la vida. Y nos amó a pesar de nuestra condición lastimera. Nos amó y nos prometió: «Me casaré contigo y te redimiré». Es la promesa del Redentor supremo para ti y para mí, en forma personal. Jesús te ama, y quiere pasar la eternidad contigo.

Somos el objeto de Su sublime gracia. Nos ha escogido para Sí, y nos ha amado con amor eterno. ¡Qué amor! ¡Qué esperanza! ¡Qué seguridad!

Para preguntarse

1. ¿Alguna vez perdiste todo lo que amabas, y te preguntaste qué trataba de decirte Dios?
2. ¿Qué lecciones aprendiste con el tiempo?
3. ¿Alguna vez estuviste dispuesto a ayudar a alguien sin importar las barreras raciales o sociales?
4. ¿Esas personas podrían afirmar que hallaron favor o gracia en tus acciones?
5. ¿Estás dispuesto a extender tu mano a los demás?
6. ¿Podrías expresar mejor tu amor por otros?

Para poner en práctica

Realiza una lista de todas las cosas que podrías hacer esta semana para demostrar tu amor por tu cónyuge.

_____

_____

_____

Reflexión final

La vida familiar eficaz no aparece porque sí;
es el resultado de una intención deliberada,
empeño y práctica.

—CHUCK SWINDOLL

Comprende tus objetivos:
La seguridad frente al peligro

«¡El lugar es lo más importante!». Este parece ser el lema de los agentes inmobiliarios de hoy. Intentan recordarnos que los lugares específicos son importantes a la hora de decidir. Lo mismo sucede en la Biblia. Dios utiliza muchas historias bíblicas para captar nuestra atención. Funcionan como ilustraciones vivas sobre cómo Él transforma a personas comunes y corrientes en grandes líderes de fe y triunfo. Algunas de esas historias tienen semejante impacto en nosotros que jamás las olvidamos. Una de ellas es la de la victoria de David sobre Goliat. Es una historia de fe y conquista contra todo pronóstico.

Encontramos este relato en 1 Samuel 17, que comienza hablando sobre el lugar de este acontecimiento; el valle de Elá. Para ser preciso, es la parte del valle localizada entre Soco y Azeca, cerca de Efesdamín. No son nombres conocidos para la mayoría hoy en día, pero son lugares reales... al igual que cualquier ciudad importante de la actualidad.

Hoy puedes viajar a Israel y encontrar el lugar de estos emplazamientos antiguos. Puedes pararte sobre el mismo valle donde David y Goliat tuvieron su histórica confrontación. Una de las grandes pruebas de la veracidad bíblica es que los lugares que menciona existen.

El rey Saúl de Israel había reunido su ejército sobre la ladera oriental, mientras que los filisteos se alineaban al oeste. No fue cualquier batalla del Antiguo Testamento. Fue una pelea por la existencia misma de Israel. Habían luchado contra los filisteos durante 200 años. Perder ahora les costaría todo.

El pueblo de Israel estaba cansado de la batalla. Le rogaron a Dios que les diera un rey para pelear por ellos. Dios les recordó mediante el profeta Samuel que Él era su rey; pero para ellos, no era suficiente. Querían un rey tangible... como el de las demás naciones. Así que Dios le indicó a Samuel que ungiera a Saúl como rey, ya que era «buen mozo y apuesto como ningún otro israelita, tan alto que los demás apenas le llegaban al hombro» (1 Sam. 9:2).

El único problema era que Saúl no tenía un corazón inclinado a Dios. Era avaro, egoísta y celoso. Su gobierno era un fracaso, y su reino estaba a punto de colapsar. La promesa también estaba en peligro. Todavía nadie había llegado a cumplirla. Y el linaje prometido no estaba en el trono.

Demasiado grande como para fallar

Había llegado la hora de que Dios exhibiera la debilidad de Saúl. Al principio, tuvo algo de éxito al enfrentarse a los cananeos, los amonitas y los amalecitas. Pero estos eran diferentes. Eran los filisteos. Un pueblo de mar, con espadas y lanzas de acero. Israel no le llegaba ni a los talones.

Los filisteos habían mantenido a Israel bajo control desarmándolos. En un momento, solo Saúl y su hijo Jonatán tenían espadas. El resto peleaba con herramientas agrícolas (comp. 1 Sam. 13:19-22). Pero a Dios no lo limitan los instrumentos humanos ni las armas humanas. Había levantado a Samgar para defenderlos con una vara para arrear bueyes (Jue. 3:31), y a Sansón con su quijada de asno (Jue. 15:15). Entonces, ¿por qué no dejar que David ganara con una honda?

Como Saúl era más alto que cualquier otro en Israel, Dios le envió un enemigo aun más alto: Goliat. Según la Biblia, el «gigante» filisteo medía casi tres metros (nueve pies) de altura. En proporción, tiene que haber pesado al menos 270 kg (600 libras). ¡Era enorme! Casi tan grande como para ocupar toda la línea delantera de un equipo de fútbol americano.

Sin embargo, observa que Goliat *no* era como el gigante ficticio de «Jack y las habichuelas mágicas». Era un gigante bien real y creíble. Era tan grande que los israelitas pensaban que era imposible atacarlo. No obstante, ¡David se dio cuenta de que era demasiado grande como para fallar!

Ed Dobson, pastor de la iglesia Calvary en Grand Rapids, Michigan, es uno de mis mejores y más antiguos amigos. Hace poco, me compartió una interesante observación sobre David y Goliat.

—Creo que la mayoría de los cristianos se parecen más a Goliat que a David —declaró enfáticamente.

Ahora sí que le prestaría atención. —¿Qué quiere decir? —pregunté.

—¡Mira a Goliat! —me contestó—. Es *enorme*. Mide casi tres metros (nueve pies). Está *equipado* con: más de 45 kg (100 libras) de armadura, además de las armas. Y tiene *experiencia*. Es un hombre de guerra.

Entonces, hizo una astuta observación. —A menudo no confiamos en Dios. Confiamos en nuestro tamaño, nuestro presupuesto, nuestros equipos de alta tecnología, nuestros programas de vanguardia y nuestra historia y herencia.

Qué buena observación. A veces, confiamos en todo menos en Dios para hacer nuestra tarea. David no era así. Fue a enfrentar a Goliat armado de fe en Dios. Se animó a ir adonde nadie más iba. Y fue con muy poco en las manos.

Durante 40 días, mañana y noche, Goliat se burlaba de los israelitas. «¡Yo desafío hoy al ejército de Israel! ¡Elijan a un hombre que pelee conmigo!», gritaba (1 Sam. 17:10).

Batalla de campeones

Goliat proponía un desafío típico del patrimonio griego de los filisteos: la batalla de campeones. Los griegos habían realizado esta práctica durante siglos. Pelear durante unos días, luego detenerse y enviar a dos representantes: campeones como Áyax, Hércules, Héctor y Aquiles. Que ellos decidieran la pelea. Así se establecía a quién habían elegido los dioses como ganador.

Probablemente, los israelitas no comprendieran para nada ese concepto. Solo creían en un Dios: Jehová. Además, si enviaban un representante, sería Saúl. Era el rey, y el guerrero más alto. Pero él no se ofrecía como voluntario.

La batalla se extendió 40 días (1 Sam. 17:16). Goliat los desafió 80 veces, pero nadie respondió. Era humillante y desmoralizante. El israelita promedio probablemente pensaba: *¡Ni loco me acerco a ese monstruo!*

Día tras día y noche tras noche, Goliat los desafiaba: «Resuelvan el conflicto. ¡Envíen un campeón!». Día tras día y noche tras noche... ¡y nadie interesado!

Mientras tanto, en Belén, el padre de David, Isaí, se preocupó por el bienestar de sus tres hijos mayores, que servían en el ejército con Saúl. Así que le dio a David algunas provisiones y lo envió al campo de batalla.

«Averigua cómo les va a tus hermanos, y tráeme una prueba de que ellos están bien», le pidió Isaí.

¿Quién es este muchachito?

Era un viaje corto desde las colinas al valle de Elá, en especial para un chico de 17 años. Las piernas de David fueron volando por las cornisas rocosas hasta el borde del valle. Llegó al campamento israelita temprano por la mañana, cuando los soldados se preparaban para comenzar otra vez la batalla.

David «llegó al campamento en el momento en que los soldados, lanzando gritos de guerra, salían a tomar sus posiciones» (1 Sam. 17:20). Imagina la emoción de este adolescente. Una guerra de verdad ante sus ojos: escudos en posición, el filo de las espadas, hombres que corrían.

David corría junto con ellos, desarmado y con una bolsa de alimentos en mano. ¡Qué escena digna de ser vista, lanzando gritos de guerra a todo pulmón! Los soldados que corrían junto a él probablemente pensaron: *¿Quién es este muchachito? ¿Y qué habrá en esa bolsa?*

Cuando David encontró a sus hermanos, también descubrió a Goliat. ¡Nunca había visto algo tan enorme! Con razón los israelitas huían de él aterrorizados. Era lo suficientemente grande como para aplastar a un hombre. Todo el ejército israelita se detuvo.

Entonces, Goliat se puso las manos junto a la boca y gritó por el valle angosto: «¡Oigan, allí, envíen a un hombre a pelear conmigo!».

Era la mañana número 41, y el desafío número 81. Sin embargo, David lo escuchaba por primera vez.

«¿Quién se cree este filisteo pagano, que se atreve a desafiar al ejército del Dios viviente?» (v. 26).

Allí cambió todo. A diferencia de los israelitas, a quienes les preocupaba su seguridad, a David le preocupaba la reputación de su Dios. Ni siquiera su hermano mayor, Eliab, pudo convencerlo de que no hiciera lo que había decidido.

Cuando lo acusó de dejar desatendido el rebaño familiar, David le respondió: «¿Acaso no hay una causa?» (v. 29, RVR2004).

David reconoció que la causa y el propósito de Dios eran lo que estaba en juego. Por eso se ofreció para pelear contra

Goliat. Cuando la causa de Dios está en juego, ¡el pueblo de Dios tiene que hablar! Pero hace falta un verdadero hombre para ponerse de pie cuando el riesgo es grande. Algunos desfallecen ante la presión. Otros se llenan la boca pero nunca hacen nada.

La fe en acción

David era único. Conocía a Dios en forma personal, y se notaba. Confiaba en que el Señor los libraría de este enemigo porque había experimentado la obra de Dios en su vida personal. Es más, habló con tanta seguridad que su hermano se calló la boca.

Eliab se quedó parado en un atontado silencio, como si lo hubiera golpeado un rayo.

Alguien corrió para informarle al rey Saúl que había encontrado un voluntario para luchar contra Goliat.

«Tráiganlo», mandó Saúl, esperando a uno de los guerreros. En cambio, ¡se encontró con un adolescente desarmado y con una bolsa de alimentos!

«¡Nadie tiene por qué desanimarse a causa de este filisteo!», afirmó David, intentando tranquilizar al rey. «Yo mismo iré a pelear contra él» (1 Sam. 17:32).

Saúl casi se muere de un ataque al corazón. «¡Cómo vas a pelear tú solo contra este filisteo! […] No eres más que un muchacho» (v. 33).

¡Un muchacho! pensó David probablemente. *¡Cuándo me dejarán crecer! Dios me ayudó a matar a un león y un oso. ¡También puedo hacerle frente a este filisteo!*

David tenía un argumento tan fuerte que convenció a Saúl. La fe del chico era tal que el viejo rey quedó atónito. ¡Ya nadie hablaba así! La fe de David en Dios era tan real que silenció a sus críticos. Saúl quedó perplejo.

«¡Ha desafiado al Dios viviente!» dijo David, «¡él es el que está en problemas, no yo!».

David mostraba todas las cualidades esenciales del

liderazgo. Sabía qué hacer y cómo hacerlo, y tenía la seguridad en sí mismo como para lograrlo. Los líderes genuinos:

1. generan confianza,
2. dan el ejemplo,
3. posibilitan un estándar superior,
4. desarrollan una reputación sólida,
5. cumplen la tarea.

¿Qué tienes en la mano?

Lo increíble de la historia de David es que Saúl lo dejó luchar contra Goliat. Después de todo, no tenía nada que perder. Habían estado peleando en ese valle durante 40 días. Saúl estaba desesperado. Era normal que su ejército estuviera desalentado. Solo era cuestión de tiempo hasta que los vencieran. *Además,* puede haber pensado, *¿quién dice que tenemos que rendirnos si lo matan al chico?*

«Anda, pues […] y que el Señor te acompañe», lo envió Saúl (v. 37). Fue como si le dijera: «¡Y espero que no te maten demasiado rápido!».

Saúl le ofreció a David su armadura, pero el joven no la quiso. Ni siquiera sabía cómo se usaba. En cambio, decidió enfrentarse a Goliat con dos cosas que tenía consigo: su cayado de pastor y su honda.

El cayado era un palo largo con la parte superior curva. La honda era una bolsita de cuero con dos tiras adheridas. Era un arma, no un juguete, pero no serviría de mucho contra Goliat. Sin embargo, un chico con una buena honda podía arrojar una roca a unos 90 metros (100 yardas) de distancia. En Israel, he visto cómo niños beduinos derriban latas de una pared a esa distancia.

David no le pidió a Dios que pusiera más en sus manos antes de responder al desafío. La mayoría de nosotros nunca comienza a hacer algo para Dios porque queremos que nos equipe primero. Deseamos una gran voz antes de cantar o hablar para Él. Queremos una gran fortuna antes de darle algo. Hasta queremos una gran valentía antes de defender Su nombre.

No funciona de esa manera. Dios nunca pondrá más en tu mano hasta que estés dispuesto a usar lo que ya tienes allí. Si no utilizas lo que tienes, ¿para qué confiarte más? David salió con un cayado en una mano y una honda en la otra. Más adelante, Dios colocó el cetro de Israel en su mano y la corona real en su cabeza, porque estaba dispuesto a usar lo que tenía.

Solo en el valle

David salió solo del campamento israelita y bajó por la ladera hacia el arroyo de Elá, que aún hoy serpentea por el borde inferior del valle hoy y sigue lleno de piedras. Cuando David llegó al pie de la colina, recogió cinco piedras lisas del arroyo y las puso en su bolsa de pastor.

Me he parado en ese mismo arroyo muchas veces, cuando había agua y cuando estaba seco. Una vez que pones un pie afuera, te encuentras sobre la superficie plana del valle. Hay un acantilado rocoso detrás, y las colinas frondosas al oeste se alzan frente a ti.

El valle en sí no mide más de 1,6 km (1 milla) de ancho. Es fácil ver y escuchar todo lo que pasa del otro lado. Y allí, en el valle desierto, apareció una figura solitaria que se dirigió hacia el campamento filisteo. David el pastorcito… ¡el futuro rey de Israel, el niño de Belén, el hijo de la promesa, y el ancestro del Mesías!

Goliat se entusiasmó. Por fin alguien había respondido a su desafío. Tomó su espada y su lanza, y el escudero se adelantó para protegerlo. Pero cuando se acercó, vio que se trataba de un adolescente desarmado. Al instante, el guerrero filisteo despreció a David y se río de él burlándose.

«¿Soy acaso un perro para que vengas a atacarme con palos?», lo provocó (v. 43). Entonces, maldijo a David y prometió matarlo y echar su carne a los buitres.

David no había escuchado las constantes maldiciones de Goliat al Dios de Israel. No había visto al ejército de Israel acobardarse del temor. No había visto la debilidad de Saúl como líder, ni el pánico general frente a Goliat. No lo inmutaba nada de eso. Tenía una misión. Estaba defendiendo la causa de Dios.

«Tú vienes contra mí con espada, lanza y jabalina, pero yo vengo a ti en el nombre del SEÑOR Todopoderoso [*Yahvéh sabaoth*], el Dios de los ejércitos de Israel, a los que has desafiado. Hoy mismo el SEÑOR te entregará en mis manos [...]. Hoy mismo echaré los cadáveres del ejército filisteo a las aves del cielo [...] y todo el mundo sabrá que hay un Dios en Israel» (vv. 45,46).

David no apuntaba solo a Goliat. ¡Su intención era vencer a todo el ejército filisteo! Goliat se quedó boquiabierto. Hasta ahora, no había escuchado a ningún israelita hablar así. Jamás había visto semejante despliegue de fe y valentía. Así que se quedó a luchar.

Entrega total

Cuando Goliat comenzó a moverse pesadamente hacia él, David hizo algo sorprendente... ¡corrió a hacerle frente! Ahora no había vuelta atrás, nada de tiros al azar desde atrás de una roca. David se entregó por completo a Dios. *Aquí voy, viva o muera. ¡Por favor, hazte presente!*, pensó seguramente.

Mientras David corría hacia Goliat, metió la mano en su bolsa, sacó una piedra y la puso en posición, blandió la honda y apuntó a la cabeza de Goliat. La piedra salió disparada de la honda, eludió el escudo y le pegó a Goliat justo en la frente. Lo mató instantáneamente. Su tremendo cuerpo se derrumbó en el suelo con un golpe seco e imponente. El silencio inundó el valle. Los filisteos y los israelitas estaban conmocionados por igual. «¡Ha caído!», declararon, sin aliento.

David estaba solo con Dios en el valle. Había dejado atrás al incrédulo y temeroso ejército de Israel. Había dejado atrás a sus hermanos. Incluso al rey Saúl. Y en ese momento increíble, se transformó en el héroe más grande de Israel. Cuando se fue de su casa, era un pastorcito. A media mañana, se había convertido en un héroe nacional.

David tenía algo sumamente inusual. Se destacaba entre el resto. Tenía una fe profunda y personal en Dios; esa clase de fe por la cual uno podría vivir o morir.

Cuando David se fue de su casa, no tenía idea de lo que le esperaba. Se levantó como cualquier otra mañana; pero sería un día distinto. Ese día, daría un paso de fe y entregaría todo en manos de Dios. Salió siendo un muchacho, y regresó como un hombre.

Con la frente en alto

Cuando Goliat cayó al suelo, David era el único que quedaba con la frente en alto en el campo de batalla. En menos de una hora, él solo había hecho lo que el ejército de Israel no había podido hacer en 40 días.

Después, David hizo algo que solo un adolescente haría. Corrió hacia el cuerpo caído de Goliat. La LBLA afirma que «se puso sobre el filisteo». Hasta puedo verlo pisoteando el cadáver. Probablemente pensó: *¡Vaya! Mira esto. ¡Es gigante!*

A continuación, tomó la espada del mismo Goliat y le cortó la cabeza. Entonces, se paró con la cabeza en las manos. Y cuando los filisteos lo vieron, huyeron por sus vidas. David ni siquiera necesitó las otras cuatro piedras que había recogido en el arroyo. Una mató a Goliat e hizo que todo el ejército filisteo se retirara.

Por fin, los israelitas los persiguieron. Esperaron hasta que David hubiera matado a Goliat e hiciera huir a los filisteos. Luego, según la Biblia, los persiguieron hasta las puertas de Ecrón. David no solo hizo en una hora lo que el ejército no pudo hacer en un mes, sino que también logró en un día lo que toda la nación de Israel no había hecho en 100 años: venció a los filisteos en batalla.

No hay caminos fáciles hacia la victoria. Hace falta fe y valor para enfrentar los obstáculos de la vida. Y el botín de la victoria no es para los débiles ni los cobardes. La victoria es para aquellos cuya fe sobrepasa los obstáculos. Los que se animan a soñar lo imposible, a alcanzar lo inalcanzable... esos son los verdaderos ganadores.

Las claves para la victoria personal incluyen:

1. *Actitud*. Las personas positivas son las que más logran. Las negativas, a la larga, se dan por vencidas y pierden.
2. *Análisis*. Las personas resueltas obtienen los datos, los analizan y deciden qué hacer rápidamente. No se adhieren a la «parálisis del análisis».
3. *Acción*. Los ganadores entran en acción. Se niegan a hacer el papel de víctimas. Deciden qué hacer y lo hacen. Si se les cruza algún obstáculo, lo enfrentan y siguen adelante.

¿Qué hará falta para que nuestra nación se vuelva a Dios? ¿Cientos de personas? ¿Miles? ¡No! Solo hacen falta unos pocos como David, dispuestos a pararse solos para Dios; gente de fe dispuesta a entregar todo por la causa y el propósito de Dios, a rendir sus objetivos a Él y a ponerlo primero en su vida.

El avivamiento siempre tiene un costo. Cuesta el sacrificio de nosotros mismos a Dios. Para algunos, significará abandonar hábitos y prácticas que no glorifican a Dios. Para otros, sacrificar nuestro tiempo y energía para servir al Señor. O también, poner a la esposa y la familia antes de la carrera. Siempre supone una restructuración de las prioridades, para alinearlas con las prioridades divinas.

Pregúntate: ¿Dios está primero en mi vida espiritual, mi matrimonio, mi familia, mis negocios, mis objetivos, mis finanzas, mi tiempo y mis actividades? Jamás experimentaremos la clase de avivamiento que puede revolucionar nuestra familia y amistades hasta que sintamos el cambio en nosotros. El verdadero avivamiento es personal y transformador.

David se transformó en un gran líder porque tenía una relación personal con Dios. La Biblia lo llama «un hombre conforme al corazón de Dios». Superó obstáculos importantes para transformarse en el mayor rey de Israel. Más tarde, huyó de la hostilidad celosa de Saúl. Pero con el tiempo, regresó para tomar el reino, escribir salmos y transformarse en el líder de la adoración de Israel a Dios. Como el bisnieto de Rut y Booz, David por fin llevó la promesa a su cumplimiento inicial. Sin duda, había esperanza para el futuro.

Para preguntarse

1. ¿Qué obstáculos estás enfrentando en tu vida?
2. ¿Sabes por qué Dios los permite, y lo que intenta enseñarte mediante ellos?
3. ¿Qué tienes en tu «mano» que Dios quiera usar?
4. ¿Cuándo darás un paso de fe y lo usarás?
5. ¿En qué tienes que estar dispuesto a pararte solo para Dios?
6. ¿Qué evita que te rindas por completo a Él?

Para poner en práctica

Enumera todas las áreas de tu vida en donde necesites ser victorioso:

_____

_____

_____

Reflexión final

Los líderes débiles permanecen dentro de límites seguros. ¡Los grandes líderes cruzan los límites sin temor!

—Alejandro Magno

Desarrolla amistades duraderas:
El valor de la lealtad verdadera

Las amistades se hacen. No aparecen porque sí. Las verdaderas amistades necesitan tiempo para crecer. Y ese crecimiento surge mediante la comunicación profunda. Las conversaciones superficiales construyen relaciones superficiales. Es necesario ir más allá de la charla intrascendente para construir puentes hacia los demás.

«¡Hola! ¿Cómo estás?», preguntamos.

«Bien», nos responden.

Pronto, el proceso se transforma en un ritual. Al poco tiempo, apenas dices: «Hola», el otro te responde automáticamente: «Bien». ¡Ni siquiera hace falta preguntar cómo está! Es una respuesta automática, ya sea que esté bien o no.

Si no tenemos cuidado, todas nuestras conversaciones en el trabajo o la iglesia pueden degenerarse hasta llegar a una serie de clichés:

—¿Cómo te va?

—¡Muy bien!

—Qué lindo día hace.

—No podría ser mejor.

—¿Viste qué bien los Cowboys?

—¡Vaya, son increíbles!

—Sigue trabajando así.

—No hagas nada que yo no haría.

—Saluda a tu esposa y tus hijos de mi parte.

—Nos vemos en la iglesia.

Incluso el ritual de saludarse con un apretón de manos en la mayoría de las iglesias no fomenta una comunicación real entre personas. Sonreímos, nos estrechamos la mano, decimos «hola» y seguimos con la siguiente persona. Entonces, empezamos otra vez.

¿Cuántas veces te preguntó tu esposa: «¿Con quién estabas hablando?»? Y le respondiste: «No estoy seguro de cómo se llama».

Lo mismo sucede con la mayoría de las personas en el trabajo. Vemos pasar los mismos rostros día tras día, decimos «hola» y seguimos de largo. No sabemos quiénes son, de dónde vienen o lo que les interesa.

Desarrollar una amistad verdadera lleva tiempo. Muchas veces, tenemos que superar nuestra primera impresión sobre alguien para relacionarnos con él. Eso nos sucedió a mi esposa y a mí cuando nos mudamos a St. Louis hace varios años. Una de las parejas de nuestro nuevo estudio bíblico nos llamó la atención.

Más allá de lo evidente

Connie, esposa y madre de mediana edad, ¡tenía el cabello corto y peinado en punta! Podría describirse como un «aspecto ultracontemporáneo». Pero la verdad que era imposible de pasar por alto. Por otro lado, su esposo Terry parecía tranquilo y sencillo; el típico hombre estadounidense.

Unas semanas más tarde, caminaba por el aeropuerto de St. Louis, cuando oí que me llamaban.

—¡Oye, Ed! Soy Terry Goodin. Mi esposa y yo estamos en tu clase dominical.

Terry Goodin, pensé. *Ah, sí, ¡el hombre con la esposa del cabello extraño!*

—¿Tienes que tomar un avión ahora? —preguntó Terry.

—En realidad, mi vuelo está demorado —contesté—. Tengo una hora libre.

—¿Te gustaría tomar un café? —sugirió Terry.

—Claro —contesté.

Fuimos a la pequeña cafetería del aeropuerto, y nos sentamos y hablamos mientras tomábamos nuestro café. Pronto, descubrimos que los dos éramos nuevos en la ciudad, y que nuestros hijos tenían la misma edad.

Ese pequeño encuentro marcó el comienzo de una amistad para toda la vida. Nuestros hijos se hicieron buenos amigos, lo cual acercó a las familias. Lo irónico es que no teníamos mucho más en común. A Terry le gustaban las computadoras; yo me dedicaba al ministerio. Connie era espontánea y sociable; Donna era tranquila y reservada.

Pero la amistad floreció a pesar de nuestras diferencias. Era una mezcla ideal. Nos reímos, hablamos, y disfrutamos mucho de la compañía mutua. Esas clases de amistad tienen una química especial. Éramos lo suficientemente diferentes como para apreciar las distintas personalidades. Además, nos unía nuestro compromiso mutuo con Cristo.

Terry y Connie aman a Dios de verdad. Nuestra amistad nos permitió crecer juntos. La relación entre nuestros hijos también los hizo crecer. ¡Y pensar que casi nos perdemos esta bendición por un peinado extravagante!

Con el tiempo, nos mudamos a Virginia, y los Goodin a Arizona. Terry comenzó a trabajar con una importante empresa de computación. Pero seguimos en contacto y nos visitamos. El tiempo y la distancia parecen fortalecer nuestra amistad. Cuando nos juntamos, todo es como antes.

Cuanto más viejo te vuelves, más comprendes la importancia de las amistades. Cuando los hijos crezcan y dejen el hogar, descubrirás que valoras cada vez más el tiempo con tus amigos.

Amigos de toda la vida

David y Jonatán se hicieron amigos apenas se conocieron. Tenían mucho en común. Los dos eran guerreros valientes. Cuando Jonatán vio cómo David mataba a Goliat, enseguida sintió empatía con él. «El alma de Jonatán quedó ligada al alma de David» (1 Sam. 18:1, LBLA).

Jonatán era el hijo del rey Saúl. Este inepto monarca no dejaría escapar al victorioso David. Lo reclutó en el ejército israelita y le dio una posición de mando. El adolescente desarmado era ahora un comandante desarmado. Jonatán quedó tan impresionado con David que le dio su propia túnica, su espada y su arco (1 Sam. 18:4).

David fue un éxito inmediato como el nuevo campeón de Israel, y los dos jóvenes se volvieron amigos inseparables. No obstante, el éxito de David pronto le dio celos a Saúl. En realidad, le tenía miedo porque la mano del Señor estaba sobre él. Como no podía librarse de él, Saúl decidió darle por esposa a su hija Mical, para controlarlo de cerca. Entonces, Jonatán se transformó en el cuñado de David.

El matrimonio inestable de David con Mical y la hostilidad de Saúl no afectaron la lealtad de Jonatán como amigo. Cuando Saúl le ordenó que matara a David, Jonatán protestó y defendió la inocencia de su amigo. Hasta pudo lograr una tregua temporal entre su padre y David (comp. 1 Sam. 19:4-7).

Por desgracia, la buena voluntad de Saúl no duró mucho. El éxito militar constante de David frustraba al rey cada vez más. Intentó que asesinaran a David en su hogar, pero Mical lo ayudó a escapar. David corrió al profeta Samuel para pedir refugio en Ramá. Luego, acudió a Jonatán y le pidió que interviniera a su favor.

—¿Qué he hecho yo? [...] ¿Qué crimen o delito he

cometido contra tu padre, para que él quiera matarme? —alegó David (1 Sam. 20:1).

—¡De ninguna manera! —insistió Jonatán.

—Tu padre sabe muy bien que tú me estimas, así que seguramente habrá pensado: «Jonatán no debe enterarse» —afirmó David—. Te aseguro que estoy a un paso de la muerte.

Al comprender el peligro que enfrentaba David, Jonatán prometió ayudarlo.

—Dime qué quieres que haga, y lo haré —le prometió (1 Sam. 20:4).

David le pidió a Jonatán que averiguara lo que Saúl pensaba de él. Al día siguiente, se celebraba un festival especial, y ambos sabían que si David no asistía, se extrañaría su presencia. Así que Jonatán le prometió intervenir y avisarle sobre la respuesta de su padre en dos días.

Los jóvenes acordaron encontrarse en cierto lugar cerca de la piedra de Ézel. Jonatán le explicó que dispararía tres flechas junto a la piedra. Luego, enviaría a un criado a buscarlas. Acordaron que si le decía al muchacho «las flechas están más acá», era seguro que David regresara. Pero si le avisaba «las flechas están más allá», David tenía que huir.

Cuando David no apareció en el festival, Saúl explotó. Jonatán intentó defender a su amigo, y el rey se enfureció con él.

«¡Hijo de mala madre!», le gritó.

Entonces, Saúl reprendió a gritos a su hijo por defender a David. «Mientras el hijo de Isaí viva en esta tierra, ¡ni tú ni tu reino estarán seguros! Así que manda a buscarlo, y tráemelo, pues está condenado a morir» (1 Sam. 20:31).

Jonatán salió enfurecido, pero angustiado por la conducta vergonzosa de su padre.

No hay nada como una crisis

Las crisis suelen cementar las amistades para toda la vida. Cuando dos amigos atraviesan juntos aguas profundas, sus corazones se unen más que nunca. Ed Dobson y Vernon Brewer son mis dos amigos más cercanos y de toda la vida. Los conozco desde que teníamos poco más de 20 años. Viajamos juntos, predicamos juntos, oramos juntos y lloramos juntos. Hemos compartido los mejores y los peores momentos.

Ed y Vernon siempre han estado cuando los necesitaba. Aunque a menudo nos han separado muchos kilómetros, el tiempo y la distancia no han menguado nuestra relación. Conocí a Ed cuando él realizaba su posgrado. A primera vista, me pareció arrogante y engreído. Pero más adelante, descubrí que esa confianza no era en sí mismo sino en Dios. Cuando lo escuché predicar por primera vez, me impresionaron sus talentos naturales y espirituales para comunicar la Palabra de Dios.

Conocí a Vernon más o menos por la misma época. Viajaba con *Life Action,* un equipo de avivamiento, y él se reunió con nosotros en Sarasota, Florida, para escribir un artículo sobre nuestro ministerio, para una revista cristiana. Era arrojado, enérgico e ingenioso. Tenía una manera explosiva de entrar a una habitación. Era imposible no verlo: con su chaqueta a cuadros, su corbata roja y su voz imponente.

Años más tarde, trabajamos los tres juntos en la Universidad Liberty en Lynchburg, Virginia. Compartimos toda clase de experiencias: emociones, éxitos, fracasos, crisis, conflictos, enfermedades y la muerte. Algunas ya son solo recuerdos, pero jamás olvidaré una tarde, cuando sonó el teléfono.

«Vernon y Patti están en el hospital», me informó Donna con un tono urgente. «Creo que quieren que Ed y tú vayan de inmediato».

Junto con Ed Dobson, fuimos a toda prisa al hospital. Vernon siempre había sido propenso a enfermarse, y a menudo se pescaba algo en sus corridas por el mundo. Se había preocupado un poco porque tenía una tos persistente, pero nada más.

Al entrar a la habitación en donde estaba acostado, vimos

una expresión espantosa en su rostro. No se parecía a ninguna que hubiésemos visto antes.

«Bueno muchachos, tengo cáncer», nos anunció mientras se incorporaba en la cama. «Creen que es un tumor… aquí en el pecho».

Vernon le tomó la mano a Patti mientras explicaba lo que el doctor le había informado. Lo abrazamos y oramos con ellos. Fue el comienzo de una travesía larga y difícil. Tuvieron que operarlo de inmediato, y el proceso le afectó mucho la voz. Siguieron meses de quimioterapia. Hubo un accidente en la clínica para pacientes ambulatorios, y la quimio le hizo una quemadura severa en la mano. Más cirugía.

Los meses siguientes parecieron una eternidad. A veces, no sabíamos cuándo se iba a terminar todo. Sin embargo, nuestro amigo se recuperó. Los cirujanos le repararon la mano y la voz. Con el tiempo, volvió a la normalidad. Hasta parecía que nada le había sucedido… hasta que se quitó la camisa. Entonces, ¡parecía que hubiera perdido en una pelea de espadas!

Finalmente, Dios nos llevó a los tres en direcciones diferentes. Otros desafíos llegaron con los años. Pero durante esa época difícil, algo sucedió. Un lazo inquebrantable nos unió, y sigue ahí hasta la fecha. Las amistades duraderas son así… profundas y sólidas.

No me olvides

Jonatán comprendió que quizás jamás volvería a ver a David. Sin embargo, lo amaba demasiado como para permitir que su propio padre lo destruyera. Se encontró con David junto a la piedra, según lo acordado. Lanzó las flechas y gritó: «¡Date prisa! ¡No te detengas!».

Cuando el muchacho recogió las flechas, Jonatán le entregó sus armas y lo envió de regreso a la ciudad. Desarmado, se encontró con David. Se abrazaron y lloraron, hasta que David se desahogó.

«Puedes irte tranquilo —le dijo Jonatán a David—, pues los dos hemos hecho un juramento eterno en nombre del Se-ñor» (1 Sam. 20:42).

Prometieron seguir siendo amigos y aun bendecir la familia del otro. Fue una promesa con enormes consecuencias futuras, ya que solo se verían una vez más.

Tributo a un amigo

David pasó años huyendo de Saúl. El rey paranoico lo persiguió por todo el desierto. Pero una y otra vez, David se las arregló para escapar porque Dios estaba con él. En un momento, él y Jonatán se encontraron en secreto en Hores, en el desierto de Zif (1 Sam. 23:15-18).

Jonatán intentó alentar a su consternado amigo. «No tengas miedo», le pidió. «Mi padre no podrá atraparte. Tú vas a ser el rey de Israel, y yo seré tu segundo. Esto, hasta mi padre lo sabe» (1 Sam. 23:17).

¡Qué reconocimiento de parte de Jonatán! Estaba dispuesto a ceder su derecho al trono por su amigo David. ¡Eso sí que es una amistad verdadera! En esencia, Jonatán decía: «Quiero lo mejor para ti, no lo mejor para mí».

Una vez más, renovaron su pacto y se separaron. Mientras tanto, Saúl seguía persiguiendo a David. Dos veces, David le perdonó la vida. No obstante, el rey no se detuvo. Por último, desesperado, David escapó a Gat, la ciudad natal de Goliat en tierra filistea.

Como podrás imaginar, David tenía una gran reputación allí. Aquis, el rey de Gat, gustosamente se alió con él. Por fin, Saúl dejó de buscar a David. Sin embargo, nada volvió a la normalidad; hubo una doble tragedia. David y Jonatán jamás volvieron a verse, pero además, Jonatán y Saúl morirían en batalla a manos de los filisteos (comp. 1 Sam. 31).

Los celos, el orgullo y la paranoia de Saúl le costaron todo. Al volverse en contra de David, alejó a la única persona que lo habría podido salvar de los filisteos. Al final, Saúl murió en batalla, y Jonatán murió con él por los pecados de su padre.

Cuando David se enteró de sus muertes, se sintió desolado. Exclamó:

«¡Cómo han caído los valientes! […] ¡Saúl! ¡Jonatán! […] Más veloces eran que las águilas, y más fuertes que los leones. ¡Ay, mujeres de Israel! Lloren por Saúl […]. ¡Cuánto sufro por ti, Jonatán, pues te quería como a un hermano! Más preciosa fue para mí tu amistad que el amor de las mujeres. ¡Cómo han caído los valientes!» (2 Sam. 1:19:27).

Lazos de acero

Fue un gran tributo para un amigo de toda la vida. Al tiempo, David se transformó en rey de Israel, como Jonatán había predicho. Fue amable con la familia de su amigo siempre que pudo, en especial con Mefiboset, el hijo de Jonatán. Los lazos de su amistad continuaron mucho después de la muerte de Jonatán. Era una amistad profunda y duradera, forjada por los lazos del compromiso humano.

Las amistades que duran son las que crecen en profundidad. Hay al menos cuatro niveles de amistad:

1. *Conocidos ocasionales.* Conocemos sus nombres y sus rostros. Los saludamos, pero casi nunca hablamos en profundidad con ellos. Podemos conocer cientos de personas así.
2. *Amigos ocasionales.* Los conocemos lo suficiente como para tener una conversación amistosa, pero con poca profundidad. Hasta podemos almorzar con ellos, pero en general no les abrimos el corazón. Podemos conocer montones de personas así.
3. *Buenos amigos.* Estos individuos tienen intereses y valores similares a los nuestros. Valoramos sus ideas y pedimos su opinión. Disfrutamos de su compañía

habitualmente, pero no son necesariamente amigos para toda la vida. Podemos tener varias decenas de amigos así.

4. *Amigos íntimos.* Son las pocas personas con las que creamos lazos profundos y de por vida. Saben todo sobre nosotros y nos quieren a pesar de nuestros errores. Compartimos con ellos nuestras alegrías, heridas, angustias, bendiciones, y derrotas más profundas. Los amamos y nos aman.

Además, las amistades se desarrollan con ciertos ingredientes clave:

1. *Intereses en común:* «Nos gustan las mismas cosas».
2. *Significado personal:* «Eres importante para mí».
3. *Comunicación sincera:* «Déjame decirte la verdad».
4. *Amor incondicional:* «Te quiero tal cual eres».
5. *Interés genuino:* «Me preocupo por ti».
6. *Aliento personal:* «Quiero lo mejor para ti».
7. *Compromiso a largo plazo:* «Resolvamos este conflicto».

Cuando una amistad tiene estos ingredientes, suele ser exitosa. No importa si duran unos pocos años o toda la vida, estas amistades son esenciales para nuestro crecimiento personal y bienestar emocional. Cuando llegan las tormentas, Dios usa a nuestros amigos para ayudarnos a capearlas. Todos necesitamos amigos en quiénes confiar. Su ayuda, consejo y aliento son invalorables.

Por otro lado, también hay amistades que pueden transformarse en relaciones negativas. Pueden comenzar de manera inocente, pero en algún momento, dan un giro para peor. Las *relaciones negativas* tienen las siguientes características:

1. *Dependencia excesiva.* Cuando dos amigos dependen tanto el uno del otro que no pueden estar so-

los, tomar sus propias decisiones o vivir cada uno su vida.

2. *Actitud posesiva.* Cuando una persona controla a la otra con amenazas o exigencias permanentes. Además, intenta aislarla de los demás.

3. *Motivaciones ocultas.* Cuando alguien solo finge ser un amigo porque quiere algo que la otra persona tiene, o busca aprovecharse del otro.

4. *Codependencia.* Cuando las dos partes refuerzan la conducta errada del otro, y le permiten continuar su curso autodestructivo.

5. *Evasión de la verdad.* No hay sinceridad. Cualquier desacuerdo simplemente se pasa por alto.

Cuando procuramos acercarnos a otros

Cada vez que extendemos la mano para crear una amistad, hay ciertos riesgos: el rechazo, los malentendidos, las obligaciones y el compromiso. *Tal vez no me quieran. Quizás no me comprendan. O peor aún, tal vez quieran que los ayude.*

«Necesito ordenar varias cosas en el ático. ¿Podrías darme una mano el sábado?», me preguntó un amigo hace poco.

«¿El sábado? ¿Este sábado?», contesté. «¡Claro! ¿Para qué son los amigos?».

Todos hemos hecho cosas por nuestros amigos: recogimos su correo, les cortamos el césped, remolcamos su auto y cuidamos a sus hijos. ¿Por qué? Porque para eso están los amigos. La amistad se genera cuando respondemos a las necesidades.

La gente necesita gente. Y de eso se trata la vida. Dios nos creó con un deseo de relacionarnos. En lugar de evitar a las personas, tenemos que aprender a alcanzar a otros. Nuestras palabras de aliento, nuestros actos de amabilidad y actitudes de aceptación les comunican a los demás nuestro interés.

Todos hemos escuchado el viejo proverbio: «El hombre que tiene amigos ha de mostrarse amigo». Así surgen las amistades. Si extiendes la mano a suficientes personas, algunas te devolverán el gesto.

David y Jonatán son ejemplos únicos de una amistad inusual: guerreros con el corazón dedicado a la batalla y amigos con el corazón dedicado al otro. Estos cuñados, cuyas vidas fueron separadas por la hostilidad de Saúl, unieron sus corazones y su amistad en una búsqueda común: la preservación de la promesa.

El linaje del Mesías se preservó a pesar del odio de Saúl hacia David. Pronto, Dios puso a David como rey de Israel, y a través de él, venció a los filisteos de una vez y para siempre. El pastorcito al fin llegó al trono, como Dios había prometido muchos años antes.

El amigo supremo

Cuando Dios decidió mostrar Su amor por nosotros, envió a Su hijo para alcanzarnos. En este caso, dejó Su trono para bajar al nivel de la humanidad. No vino con las vestiduras reales de Su superioridad, sino con el atuendo sencillo del hijo de un carpintero. Es más, vino a morir por nuestros pecados, para poder acercarnos a Dios.

Romanos 5:6-8 afirma: «A la verdad, como éramos incapaces de salvarnos, en el tiempo señalado Cristo murió por los malvados. Difícilmente habrá quien muera por un justo, aunque tal vez haya quien se atreva a morir por una persona buena. Pero Dios demuestra su amor por nosotros en esto: en que cuando todavía éramos pecadores, Cristo murió por nosotros».

Jesús es el mejor amigo que podríamos tener. Nos ama aun más de lo que nosotros nos amamos. Lo probó al entregarse para morir en nuestro lugar. Ese es el centro del mensaje del evangelio: «Cuando todavía éramos pecadores, Cristo murió por nosotros». Dios cargó sobre Jesús nuestro pecado, y luego desató Su juicio sobre Él.

Cuando Cristo murió en la cruz, lo hizo para reemplazarnos. Tomó nuestro lugar. Y también cargó con nuestro castigo.

Por eso la Biblia lo llama el Cordero de Dios. Su muerte fue el sacrificio expiatorio por nuestros pecados. Recibirlo como Salvador personal supone creer con todo el corazón que Él murió por nosotros en forma personal. También implica comprometerse en forma incondicional con Él por fe.

Ese compromiso es algo que cada uno de nosotros tiene que hacer personalmente. No podemos llegar al cielo gracias a la fe de nuestros padres o de nuestro cónyuge. Nosotros tenemos que tomar esa decisión. La Escritura declara: «Porque Cristo murió por los pecados una vez por todas, el justo por los injustos, a fin de llevarlos a ustedes a Dios» (1 Ped. 3:18).

Si necesitas un amigo verdadero a tu lado para siempre, Jesús es el mejor amigo que podrías tener. Entrégale hoy mismo tu corazón y tu alma. Nunca te dejará ni te abandonará.

Para preguntarse

1. ¿Quiénes son tus amigos más cercanos?
2. ¿Alguna vez tuviste que sacrificar tu bienestar por una amistad?
3. Piensa en los momentos más difíciles que tuviste que atravesar con tus amigos.
4. ¿Cómo los unieron esas situaciones?
5. ¿Tienes alguna amistad destructiva que tengas que cambiar o abandonar?
6. ¿Estás seguro de que Dios es tu mejor amigo?

Para poner en práctica

Enumera a todos los amigos que tengan una influencia positiva en tu vida:

_____

_____

_____

Reflexión final

Los amigos comprenden que el derecho de criticar tiene que ganarse, aun si se trata de consejo constructivo.

—JAMES DOBSON

Defiende lo que crees:
Cómo tomar una decisión espiritual firme

¡La mayoría de los adolescentes cederían ante la presión! Daniel tenía solo quince años cuando los babilonios capturaron Jerusalén, y tiene que haber sido una experiencia aterradora para cualquier adolescente. Las tensiones entre Babilonia y Jerusalén habían aumentado durante años. Finalmente, los babilonios enviaron al mismo Nabucodonosor a tomar la ciudad.

El reino de David había durado más de 400 años. La línea de reyes davídicos permaneció en el trono de Jerusalén todo ese tiempo y con ellos, se preservó también el linaje del Mesías. La promesa había sido conservada, no por la fidelidad de los reyes sino por la de Dios.

Hubo reyes buenos y reyes malvados. El reino alcanzó su apogeo bajo David y Salomón, entre 1000-931 a.C. Después de la muerte de Salomón, las tribus del norte se alejaron y llegaron a establecer su propia capital en Samaria. En 722 a.C., el reino del norte cayó en manos de los asirios. A Judá, el reino del sur, le fue mucho mejor, bajo el gobierno de reyes piadosos como Ezequías y Josías. Pero otros reyes de Judá no fueron tan fieles. No obedecieron los mandatos de Dios ni cumplieron Sus leyes. Ahora se había acabado el tiempo. El juicio de Dios estaba por llegar. Otra vez, la promesa parecía poco veraz.

En el verano de 605 a.C., el poderoso general y príncipe heredero de Babilonia, el joven Nabucodonosor, marchó contra la ciudad de David y la venció. Su victoria inicial sobre Jerusalén fue relativamente misericordiosa. No destruyó la ciudad ni el templo, pero decidió llevar algunos cautivos selectos a Babilonia.

Escogió algunos de los mejores jóvenes de la familia real y la nobleza. Serían rehenes intelectuales. Estos jovencitos educados y sofisticados serían reprogramados para servir en el palacio real de Babilonia. Se les asignaron instructores para enseñarles el idioma y la literatura de la nueva cultura.

En otras palabras, parecerían babilonios, y hablarían y actuarían como tales. Hasta les asignaron nombres babilónicos. Se hizo todo lo posible para asimilarlos en la cultura babilónica y doblegar su legado hebreo.

Entre los cautivos, se encontraban cuatro jóvenes hebreos de unos quince años. Se llamaban Daniel, Ananías, Misael y Azarías. Cada nombre tenía un significado relacionado con el Dios de Israel. Así que los babilonios les cambiaron el nombre, en honor a sus dioses, Bel, Mardac y Nego. Los conocemos como *Bel*tsasar, Sad*rac*, Me*sac* y Abed*nego*.

Eso sí que es presión de los pares

Otros muchachos hebreos también fueron llevados cautivos y sometidos al mismo proceso de reorientación cultural. Pero solo sabemos el nombre de estos cuatro porque parecen haber sido los únicos que defendieron su fe en Dios.

Los demás hicieron concesiones. *Además, no es nuestra culpa que nos hayan capturado. ¿Qué esperaban que hiciéramos... meternos en más problemas? ¡Pueden cortarte la cabeza si te equivocas en un lugar como este!* Después de todo, los había raptado un dictador del Medio Oriente... un verdadero loco.

¡Eso sí que es presión de los pares! Estos judíos se enfrentaban a una situación de vida o muerte. O comprometían sus convicciones o daban la vida. La decisión era sencilla para la mayoría: *¡Transigir, hombre, transigir!*

La antigua Babilonia es parte del Irak moderno. Todos hemos visto el video de Saddam Hussein dándole palmaditas en la cabeza al muchachito británico, mientras esboza una sonrisa falsa para las cámaras. «Buen muchacho. Estarás seguro aquí».

¡Sí, claro! Soldados cayeron e inocentes fueron capturados. Otros, asesinados. Las ejecuciones eran algo cotidiano. *¡Qué hermoso lugar para ir a la escuela! No veo la hora de ver cómo son los exámenes finales. Si no pasas, terminas paleando arena en el desierto.*

Así era la situación en Babilonia en 605 a.C. Estos adolescentes eran prisioneros de guerra, y lo sabían. Es más, eran rehenes del monarca. Estaban en Babilonia como un seguro contra cualquier otra rebelión en su tierra natal.

¿Qué tiene de malo transigir un poco?

En esa época, había una diferencia significativa: ¡Babilonia era la ciudad más grande de la Tierra! Era la joya del Medio Oriente. Su opulencia sobrepasaba la de cualquier otra parte. Sus paredes de zafiro y oro brillaban bajo el sol del desierto. Era la mayor metrópoli de todo el mundo: un oasis inmenso en medio del desierto.

Babilonia brillaba con toda clase de atracción material y tentación personal imaginable. Que te llevaran allí era como ser transportado a Las Vegas. Había toda clase de atractivo para los sentidos de los adolescentes. Además, sus padres estaban en Jerusalén. ¿Quién se enteraría si cedían un poco ante la tentación?

De lo que podemos entrever por el libro de Daniel, lo más probable es que la mayoría haya cedido. Pero observa que sus nombres y sus recuerdos ya se han olvidado.

Así es la vida. Solo recordamos a los héroes. Los hombres y las mujeres con integridad no se olvidan jamás. De alguna manera, sus vidas producen tal impacto en nosotros que los recordamos mucho después de que se van.

Por otro lado, olvidamos fácilmente a los poco espirituales y de moral débil. Ah, los notamos mientras viven, pero poco después de que desaparecen, los borramos. No vale la pena recordar sus vidas egoístas. La gente con integridad es una raza aparte. Defienden lo que creen. Se distinguen en la multitud.

A los muchachos se les asignó un programa de tres años, similar a la educación universitaria moderna. Aprenderían la complejidad del arte, la ciencia, la matemática y la religión de Babilonia. Además, se les daba una porción de comida y vino de la mesa del rey. Qué buena vida. El único problema era que las normas judías consideraban impura esa comida.

Si la comían, transgredirían sus convicciones religiosas. Pero negarse a comer significaba rechazar las estipulaciones del rey, ¡lo cual podía costarles la cabeza!

Atrévete a ser un Daniel

El nombre de Daniel siempre se ha asociado con adoptar una postura firme por fe en Dios. Es más, la Academia Westminster en St. Louis, Missouri, entrega un «premio Daniel» todos los años, al estudiante de último año que mejor ejemplifique la defensa de la fe.

Nunca olvidaré estar sentado en la audiencia de la graduación en Westminster en 1990, cuando llamaron a la plataforma a nuestra hija, Christy, a recibir ese premio. ¡Mi esposa Donna resplandecía! Que Christy ganara el «premio Daniel» significó más para Donna como madre que cualquier otro premio u honor que se otorgó ese día.

Nuestra pequeña Christy se había transformado en una jovencita que amaba a Dios, y se notaba. Había aprendido a defender a Jesucristo aun en medio de la presión de sus pares. Y lo ha hecho desde entonces. Mudarnos a St. Louis había sido un desafío para todos. Pero evidentemente, ella lo estaba manejando bien.

Daniel y sus amigos tenían una decisión importante que tomar: aceptarían el requerimiento del rey, o encontrarían la manera de resistir. En lugar de volverse desafiante, la Biblia afirma que «Daniel se propuso no contaminarse» (Dan. 1:8). Entonces, sugirió una alternativa ingeniosa. Le pidió al jefe de oficiales que lo eximiera a él y a sus amigos de este requisito.

«Tengo miedo de mi señor el rey», contestó el oficial. «Por culpa tuya me cortará la cabeza» (v. 10).

«Por favor, haz con tus siervos una prueba de diez días», pidió Daniel. «Danos de comer sólo verduras, y de beber sólo agua. Pasado ese tiempo, compara nuestro semblante con el de los jóvenes que se alimentan con la comida real» (vv, 12,13).

Era una buena idea. Les proporcionó una opción a los muchachos, y también al oficial. Probablemente, el jefe de los oficiales pensó: *¿En qué puede dañar una pequeña «prueba»? ¿Diez días? ¡Está bien! ¡Pero solo diez días!*

Pon a prueba tu fe

Este pedido significaba que Daniel y sus amigos estaban poniendo en extremo a prueba su fe. La carne y el vino en general se dedicaban a los ídolos y los dioses de las religiones paganas. Además, las leyes alimentarias judías sobre estas comidas eran sumamente estrictas: nada de cerdo, solo ciertas clases de carne de vaca o pollo. Todo tenía que ser *kosher* según los estándares judíos.

El pedido de los muchachos intentaba permitirles participar de la educación sin comprometer sus convicciones. No era una simple petición para volverse vegetarianos. Los vegetales eran saludables, sí, pero además no tenían las mismas restricciones que la carne según la ley judía.

Al finalizar los diez días, la Biblia relata que «se veían más sanos y mejor alimentados que cualquiera de los que participaban de la comida real» (Dan. 1:15). Así que el oficial les permitió que siguieran esa dieta durante el programa de tres años.

Al finalizar este período, el mismo Nabucodonosor tomó el examen final.

«A estos cuatro jóvenes Dios los dotó de sabiduría e inteligencia para entender toda clase de literatura y ciencia» (Dan. 1:17). El rey los examinó a todos y «no encontró a nadie que los igualara» a Daniel, Ananías, Misael y Azarías. «En todos los temas que requerían de sabiduría y discernimiento los halló diez veces más inteligentes» (Dan. 1:19,20).

Dios los ayudó a aprobar el examen porque defendieron sus creencias y sus convicciones. Es imposible leer el libro de Daniel sin que nos llame la atención el carácter y la valentía de estos jóvenes. Mientras estaban en el programa de entrenamiento, Daniel interpretó los sueños proféticos de Nabucodonosor y accedió a una posición de prominencia. Al final, él y sus amigos fueron nombrados administradores de la provincia de Babilonia. Al mismo tiempo, Daniel servía en la corte real (Dan. 2:48,49).

Su testimonio era tan conocido que probablemente lo enviaron fuera de la ciudad con algún pretexto de negocios durante el siguiente evento. En Daniel 3, leemos la historia de sus tres amigos y el horno de fuego. Daniel no está por ninguna parte. Esta vez, sus amigos tendrían que tomar su propia postura por Dios.

¡Inclínense, adoren o ardan!

Nabucodonosor era el típico ególatra autocrático. El poder lo corrompió a tal punto que llegó a volverse loco. Le encantaba ser el centro de atención. Así que construyó una estatua de oro de 30 metros (90 pies) de altura con su imagen. Entonces, invitó a los gobernadores provinciales (excepto a Daniel) a una dedicación pública de la estatua.

«Tan pronto como escuchen la música de trompetas, flautas, cítaras, liras, arpas, zampoñas y otros instrumentos musicales, deberán inclinarse y adorar la estatua de oro», anunció el heraldo (Dan. 3:5).

Nabucodonosor ya había obligado al pueblo a adorar a todos los dioses babilonios, pero ahora también exigía adoración a sí mismo. Y el que no lo hacía sería «arrojado de inmediato a un horno en llamas» (Dan. 3:6).

La antigua Babilonia estaba recubierta de ladrillos cocidos. Estos «hornos en llamas» se usaban para hornear ladrillos para inmensos proyectos de construcción. No había mucha madera en Babilonia, y como se encontraba en el desierto, los ladrillos se usaban para construir todo: casas, palacios y los muros de la ciudad. Estos hornos solían tener forma cónica, una puerta en la parte inferior y una abertura en la parte superior.

Durante la ceremonia, una banda tocó música y la gente se inclinó. Nabucodonosor sonreía de oreja a oreja, hasta que los astrólogos denunciaron a los tres judíos que no lo adoraban. Todavía estaban enojados porque el rey había promovido a esos judíos a posiciones de liderazgo. Esta era su oportunidad de meterlos en problemas.

«Algunos judíos [...] no acatan sus órdenes. No adoran a los dioses de Su Majestad ni a la estatua de oro que mandó erigir. Se trata de Sadrac, Mesac y Abednego», informaron los astrólogos (Dan. 3:12).

Nabucodonosor explotó en un arrebato de ira. Estos judíos obstinados y los astrólogos celosos le habían arruinado su gran día. Mandó a llamar a Sadrac, Mesac y Abednego y exigió una explicación. Luego, los amenazó con ejecutarlos.

«¡Y no habrá dios capaz de librarlos de mis manos!», afirmó (Dan. 3:15).

«¡No hace falta que nos defendamos ante Su Majestad!», respondieron los hebreos. «Si se nos arroja al horno en llamas, el Dios al que servimos puede librarnos del horno y de las manos de Su Majestad. Pero aun si nuestro Dios no lo hace así [...] no honraremos a sus dioses ni adoraremos a su estatua» (Dan. 3:16-18).

Cueste lo que cueste

Observa que su respuesta tenía dos aspectos: 1) Dios puede librarnos, 2) pero quizás decida no hacerlo. De cualquier manera, estaban decididos a defender sus convicciones. ¡Eso sí que es valentía! Humanamente hablando, tenían todo a favor si transigían. Espiritualmente hablando, tenían todo que perder: su carácter, su integridad y su compromiso.

¡Nabucodonosor estaba furioso! Esta decisión contra su autoridad era puro desafío. Ordenó que calentaran el horno siete veces más de lo habitual. Es la falta de lógica del enojo. ¡Ese calor tan intenso solo los mataría más rápido! Esta clase de decisiones nunca tiene sentido; tampoco lo tenía arrojarlos por la abertura superior. No obstante, el rey ordenó esto. Los soldados babilonios treparon por la escalera exterior y arrojaron a los tres judíos al fuego ardiente. Los oficiales que lo hicieron murieron de inmediato por el calor.

Nabucodonosor echó un vistazo dentro del horno por la puerta inferior, y quedó asombrado al ver a cuatro personas ilesas caminando por el fuego.

«¡Pues miren!», exclamó el rey. «Allí en el fuego veo a cuatro hombres, sin ataduras y sin daño alguno, ¡y el cuarto tiene la apariencia de un dios!» (Dan. 3:25).

Los códigos legales de Babilonia especificaban el concepto de «ordalía». En otras palabras, si se arrojaba a alguien a un río (o fuego) como castigo, y esta persona sobrevivía, se la consideraba inocente.

Nabucodonosor ordenó que los hebreos salieran del horno, y los exoneró. Habían salido ilesos de la prueba. Hasta los consejeros reales tuvieron que reconocer el milagro.

«¡Alabado sea el Dios de estos jóvenes, que envió a su ángel y los salvó!», declaró Nabucodonosor. «Ellos confiaron en él y [...] optaron por la muerte antes que honrar o adorar a otro dios que no fuera el suyo» (Dan. 3:28).

Dos cosas llaman la atención de este relato. En primer lugar, fue un testimonio increíble para Nabucodonosor. Al rey pagano le impresionaron la valentía de los hebreos y el poder de Dios. Hasta que no estés dispuesto a defender así tu fe, el poder de Dios no se hará evidente en tu vida.

En segundo lugar, los hebreos dejaron su fe en manos de Dios. Estuvieron dispuestos a entregar su vida por lo que creían. Algunos llaman a esto la «teología del martirio». Los mártires son aquellos que están dispuestos a morir por su fe. Cuando alguien puede morir por lo que cree, también puede vivir por ello.

La hermandad de los que no tienen vergüenza

Hoy, pocas personas en los países desarrollados se enfrentan a esta opción. Casi nunca somos llamados a morir por nuestra fe en Jesucristo. Pero hasta que no estemos dispuestos a hacerlo, no viviremos plenamente para Él. El verdadero mártir es el que cree que su testimonio es más importante que su seguridad, y su fe más importante que su vida.

La siguiente confesión de un cristiano africano fue encontrada entre sus papeles, después de que lo martirizaron:

> Soy parte de la hermandad de los que no tienen vergüenza. Tengo el poder del Espíritu Santo. La suerte está echada. He cruzado la línea. He tomado la decisión. Soy un discípulo de Jesucristo. No apartaré la mirada, no

aflojaré, no reduciré la marcha, no retrocederé ni permaneceré quieto. Mi pasado está redimido, mi presente tiene sentido y mi futuro está asegurado. Basta de vivir mal, de caminar por vista, de hacer planes intrascendentes; basta de rodillas sin gastar, de sueños sin color, de visiones poco arrojadas, de conversaciones mundanas, de ofrendas miserables y objetivos insignificantes.

Ya no necesito preeminencia, prosperidad, posición, promociones, aplausos ni popularidad. No me importa si tengo razón, si llego primero, si soy el mayor, si me reconocen, me alaban, me consideran o me recompensan. Ahora vivo por presencia, aprendo por fe, amo por paciencia, me elevo en oración y trabajo por poder. Mi ritmo es firme, mi paso certero, mi objetivo es el cielo, mi camino angosto, mi sendero es áspero, mis compañeros pocos, mi guía es confiable y mi misión clara.

No me pueden sobornar, obligarme a transigir, disuadirme, persuadirme para huir, convencerme de regresar, disgregarme ni demorarme. No me estremeceré frente al sacrificio, ni dudaré en presencia de la adversidad; no negociaré en la mesa con el enemigo, no tomaré el atajo de la popularidad, ni deambularé en el laberinto de la mediocridad. No me rendiré, no retrocederé, no abandonaré ni me callaré hasta que haya terminado de predicar, de orar, de hacer tesoros en el cielo y de resistir por la causa de Cristo.

Soy un discípulo de Jesucristo. Debo seguir hasta que el cielo regrese, dar hasta que me caiga, predicar hasta que todos conozcan, y trabajar hasta que Él vuelva. Y cuando Jesús venga a buscar a los suyos, no le costará reconocerme. Mis colores serán claros.

Resistir hasta el final

Daniel permaneció en Babilonia los 70 años que duró el cautiverio. Su valentía como joven valió la pena una y otra vez.

Le hizo frente a Nabucodonosor y con el tiempo, lo ganó para su fe en Dios. Se enfrentó al malvado nieto del rey, Belsasar, y vio cómo su reino caía en manos de los medas y los persas. Por último, le hizo frente a Darío el medo, el nuevo gobernante de Babilonia, quien sirvió bajo Ciro el Grande.

Por su última confrontación, lo arrojaron en el foso de los leones cuando tenía unos 85 años. Cuando le ordenaron que no orara a nadie sino al rey, Daniel siguió orando a Dios tres veces al día con la ventana abierta. Era un verdadero siervo de Dios, no un creyente estilo «agente secreto», que pasa inadvertido y sin identificarse. Sobresalía entre la multitud porque estaba de rodillas hablando con Dios.

Los críticos celosos de Daniel fueron a Darío a acusarlo de quebrantar la ley porque oraba en lugares públicos. ¡Algunas cosas nunca cambian! Satanás siempre intenta evitar que oremos. Es lo que más temor le produce. Cuando hablamos con Dios, nos comunicamos con la única Persona que puede vencer toda oposición.

Daniel sobrevivió la «ordalía». Salió ileso de su noche en el foso de los leones. «Mi Dios envió a su ángel y les cerró la boca a los leones», le anunció Daniel al rey. «No me han hecho ningún daño, porque Dios bien sabe que soy inocente» (Dan. 6:22).

Daniel fue liberado, y sus acusadores sufrieron el castigo a cambio. Los leones los hicieron pedazos. Y Daniel fue exonerado gracias a su postura. Es más, Darío quedó tan impresionado que emitió el siguiente decreto:

> Porque él es el Dios vivo, y permanece para siempre. Su reino jamás será destruido, y su dominio jamás tendrá fin. Él rescata y salva; hace prodigios en el cielo y maravillas en la tierra (Dan. 6:26,27).

¡Prodigios y maravillas! Eso sí que le llamó la atención al rey. El testimonio de Daniel producía un impacto duradero en todos los que lo conocían. Tanto amigos como enemigos quedaban abrumados al ver su valentía y su fe. Dios se movía con poder a su favor porque Daniel defendía su fe en Él.

El Señor amaba tanto a Daniel que le reveló el futuro mediante sus muchas visiones de los últimos tiempos. Vio al Hijo del Hombre volver en las nubes del cielo y recibir un reino de Dios el Padre, el «venerable Anciano». Daniel escribió: «¡Su dominio es un dominio eterno, que no pasará, y su reino jamás será destruido!» (Dan. 7:14).

Aunque parecía sombría, la promesa no estaba olvidada, ni en ningún peligro grave. El Dios eterno seguía en el trono. El que había prometido mantendría y cumpliría la promesa, como siempre lo había hecho.

Para preguntarse

1. ¿Qué presiones para transigir enfrentas en tu vida?
2. ¿Qué estás haciendo para resistir la presión a ceder?
3. ¿Estás dispuesto a defender lo que crees o dependes demasiado de tus amigos?
4. ¿Hay alguna postura que deberías adoptar pero no te animas?
5. ¿Cuál es tu verdadera razón para vivir?
6. ¿Por qué estás dispuesto a morir?

Para poner en práctica

¿Cómo está usando Dios tu vida y tu testimonio para afectar a los demás?

La familia

_____

_____

_____

Los amigos

_____

_____

_____

Los parientes

_____

_____

_____

Los conocidos

_____

_____

_____

Reflexión final

Al que no tiene una postura firme, ¡lo derriban con cualquier cosa!

—CAL THOMAS

13

NEHEMÍAS

Construye para el futuro:
¡Deja un legado que te enorgullezca!

Las personas que construyen para el futuro obtienen algo en la vida. Comienzan con el objetivo a la vista. Las metas les permiten permanecer concentrados en el camino y en la manera de llegar a destino.

La psicología evolutiva afirma que las etapas finales de la vida traen productividad e integridad. Es un gran reconocimiento de parte de secularistas que a menudo nos incitan a sucumbir ante nuestras pasiones y nuestra curiosidad. Pero incluso ellos comprenden que cuando vas avanzando en la vida, esta tiene que volverse productiva, satisfactoria y gratificante.

Las personas egoístas no piensan en el futuro. Consumen todo en el presente. Cuando por fin llega el futuro, como siempre sucede, suelen encontrarse amargados y desesperados. Vivir el hoy no nos prepara para el mañana.

Cuando llegamos a la meta, necesitamos estar en el carril indicado. Tenemos que poder mirar atrás con una sensación de integridad. Necesitamos sentir que hicimos lo mejor que pudimos; que tomamos decisiones correctas, corregimos decisiones incorrectas y dejamos un legado positivo para nuestra familia y amigos.

Las etapas de desarrollo en la vida suelen diagramarse de la siguiente manera:

Etapa	Característica
Primera infancia	Confianza
Niñez	Propósito
Adolescencia	Identidad
Adultez temprana	Intimidad
Mediana edad	Productividad
Vejez	Integridad

La idea de la construcción de un legado suele debatirse en libros sobre adultos mayores. Las iglesias bautistas sureñas incluso han formado un ministerio de hombres llamado *Legacy Builders* [Edificadores de legado]. La mayoría de nosotros quiere ser recordado cuando ya no esté. Queremos dejar nuestra huella, y algo de lo cual estar orgullosos: un matrimonio sólido, una propiedad familiar y una herencia para nuestros hijos. Pero más que nada, necesitamos dejar un testimonio de la gracia de Dios en nuestra vida.

Si tomamos malas decisiones en la juventud, solemos encauzar mal nuestra vida. Una vez que avanzas en dirección equivocada, es difícil hacer marcha atrás y dar la vuelta. Dios puede intervenir para ayudarnos, pero a menudo quedan los reproches de los años malgastados.

Una invitación sencilla

Cuanto antes te concentres en tu destino, mejores resultados tendrás a la larga. Hace 25 años, conocí a un empresario joven y dinámico en Clearwater, Florida, llamado Herman Bailey. Tenía cabello rubio y ojos azules, y se vestía como un modelo de revista. ¡Era imposible que pasara inadvertido! Causaba una impresión inmediata en todos los que lo conocían.

Herman estaba luchando con comprometerse a tiempo completo al servicio cristiano. En ese momento no me di cuenta, pero también estaba pasando por algunos problemas personales importantes. A medida que estos se intensificaban, Herman comenzó a considerar seriamente quitarse la vida.

Mientras tanto, me mudé con mi familia a Lynchburg, Virginia, donde comencé a enseñar en la Universidad Liberty. Una mañana, me detuve a desayunar en un restaurante local, y me encontré con Herman. Estaba sentado solo, y pareció sorprendido de verme.

«Oye, ¿qué haces aquí en Lynchburg?», pregunté.

«Ah, es que necesitaba escaparme», me dijo, «así que vine a ver algunas cosas y resolver otras».

No era inusual que las personas aparecieran porque sí en Lynchburg en esa época. Es más, ¡todavía sucede! Hace mucho que es un centro de peregrinaje evangélico. La gente parecía pensar que si iba a ver predicar a Jerry Falwell, todo iría mejor. Era uno de esos sitios singulares en donde Dios obraba en la vida de las personas.

Hablamos mientras desayunábamos y rememoramos nuestro tiempo juntos en Florida. No reconocí la desesperación de Herman. Siempre supo esconder sus sentimientos detrás de su magnífica sonrisa. Pero percibí que necesitaba un amigo, y que estaba buscando algo.

—¿Adónde te quedas? —pregunté.

—En el motel de aquí al lado —me contestó.

—¿Qué harás para la cena? —repliqué.

—Nada, en realidad.

—¡Qué bien! ¿Entonces por qué no vienes a cenar a casa esta noche? Insistí.

—¿Estás seguro?

—A Donna no le molesta —le aseguré—. Siempre cocina para la familia, y hay suficiente para todos.

Un momento decisivo

Herman accedió a cenar con nosotros esa noche. No sabíamos que en realidad, había venido a la ciudad completamente desesperado. ¡Planeaba volver a Florida y suicidarse!

Años más tarde, Herman me contó que mi sencilla invitación a cenar le salvó la vida. En lugar de conducir a su casa desesperado, le prestó atención a nuestra cena de esa noche.

«Mientras observaba a tu familia, comprendí que no podía llevar a cabo mi objetivo», me confesó. «Jugabas con los niños antes de la cena y yo pensaba: "¡No puedo hacerle esto a mis hijos!"».

Herman Bailey regresó a Florida y se entregó al ministerio cristiano a tiempo completo. Junto con su esposa, Sharron, comenzaron el ministerio para personas de la tercera edad más grande y exitoso de todo el país. Todas las semanas, ministraban a más de mil jubilados en su ministerio «Super Sixties» [Los súper 60] en su iglesia.

Años más tarde, Herman y Sharron fueron invitados a comenzar su propio programa de televisión en Clearwater. Hace más de 20 años que aparecen en televisión 5 días a la semana, y tocan la vida de millones de personas con un mensaje de amor y esperanza; todo gracias a una simple invitación.

A veces, el mayor legado que podemos construir es tocar la vida de los demás. Cada vez que Dios nos usa para alcanzar a otro, cosechamos resultados de trascendencia eterna. Estamos construyendo un legado de fe que puede transmitirse de generación a generación.

Tiempos difíciles por delante

Los legados pueden construirse de muchas maneras. Algunos

son personales, otros financieros, y algunos incluso de alcance nacional. La nación de Israel es uno de los últimos. Dios les prometió una herencia eterna. Y a través de los siglos, el Señor levantó a grandes individuos para mantener vivas Sus promesas para ellos... y para nosotros.

La historia de los exitosos intentos de Nehemías de reconstruir la muralla de Jerusalén es un ejemplo poderoso sobre cómo construir legados para el futuro. Un tiempo después de que Daniel fue llevado cautivo a Babilonia en 605 a.C., los judíos se rebelaron contra Nabucodonosor, y el rey babilonio destruyó Jerusalén y el templo de Salomón como venganza en 586 a.C.

El «cautiverio babilónico», como llegó a conocerse, duró 70 años (605-535 a.C.). Con el tiempo, Babilonia cayó ante los medas y los persas en 538 a.C. Ciro el Grande, el emperador persa, decretó que los judíos podían regresar a su hogar en 535 a.C. Unos 40 000 emprendieron el difícil viaje de regreso a Jerusalén y Judea, que yacían en ruinas.

Un hombre llamado Zorobabel guió al «remanente» judío a reconstruir el templo, que se completó en 515 a.C. Fue un tiempo de gran renovación y avivamiento entre el pueblo de Dios. Estaban de vuelta en su tierra natal, y el templo estaba una vez más sobre el monte Moria. La promesa volvía a llenarse de esperanza para un futuro mejor. El linaje del Mesías había sido preservado, aunque con dificultad.

A los judíos los detestaban sus vecinos, y nadie los comprendía. Jerjes asumió el trono en Persia y al tiempo, se casó con una muchacha judía llamada Ester. Cuando un loco que se llamaba Amán intentó convencer a Jerjes de que exterminara a los judíos, Ester intervino y salvó a su pueblo.

Más tarde, Artajerjes subió al trono persa y permitió que Esdras el escriba y un pequeño grupo de judíos regresaran a Jerusalén en 458 a.C. Cuando llegaron, encontraron un gran desorden. El templo estaba allí aún, pero todos hacían caso omiso de la ley de Dios y de todo lo referente a Él. Lo peor era que los muros de la ciudad no habían sido reconstruidos. Los judíos estaban completamente desprotegidos de sus enemigos. En 445 a.C., Artajerjes le encargó a Nehemías que volviera a Jerusalén a reconstruir sus muros.

Un plan de acción

Nehemías salió de noche a inspeccionar los muros en ruinas y las puertas de la ciudad. Al regresar, se reunió con los líderes judíos y anunció sus intenciones.

Declaró: «Ustedes son testigos de nuestra desgracia. Jerusalén está en ruinas, y sus puertas han sido consumidas por el fuego. ¡Vamos, anímense! ¡Reconstruyamos la muralla de Jerusalén para que ya nadie se burle de nosotros!» (Neh. 2:17).

Los muros habían estado en ruinas durante tres generaciones. Era un plan audaz, y captó el corazón de estos hombres.

«¡Manos a la obra!», respondieron los líderes.

Así que comenzó la tarea, y hasta los sacerdotes participaron. Varios se hicieron responsables de distintas secciones de la muralla: Eliasib y los sacerdotes; hombres de Jericó; los hijos de Sená; Meremot hijo de Urías; Mesulán hijo de Berequías; Sadoc hijo de Baná; hombres de Tecoa; Joyadá hijo de Paseaj; hombres de Gabaón y Mizpa; Uziel, uno de los plateros; Jananías, uno de los perfumistas; y muchos otros.

Distintos hombres de diferentes lugares con diversos dones y habilidades contribuyeron a la tarea. Trabajaron en equipo y completaron la labor en tiempo récord: 52 días (Neh. 6:15). Nehemías probó ser el líder que necesitaban. Les dio:

1. visión,
2. motivación,
3. un plan de acción.

El poder de la visión

Nehemías había tenido una visión de un mejor futuro para Jerusalén. Se había dado cuenta de que la ciudad no tenía futuro sin una muralla. Era admirable que los judíos hubiesen reconstruido el templo primero. Pero lo habían dejado indefenso sin muros alrededor de la ciudad. Sin duda, hablaban de este problema. Lo más probable es que lo mencionaran constantemente. Sin embargo, nadie hacía nada al respecto.

A menudo se ha observado que la mayoría de las organizaciones padecen de un exceso de gerencia y una falta de liderazgo. Ese era el caso de los judíos en Jerusalén. Estaban ocupados con sus tareas cotidianas en el templo pero no se tomaban tiempo para asegurarlo. Todos sabían que la ciudad necesitaba muros, pero nadie tenía la visión para completar la tarea.

Algunos han definido la visión como previsión con perspicacia, apoyada en la retrospectiva. La visión incluye estos componentes clave:

1. Una perspectiva realista del presente.
2. Un panorama optimista del futuro.
3. Una evaluación sincera de los recursos personales.
4. Una actitud positiva frente al cambio.
5. Un plan de acción específico.

La visión de Nehemías para una ciudad segura lo mantuvo con los ojos en la meta. La oposición de los detractores locales como Sambalat, Tobías y Guesén no lo disuadió. Con una espada en una mano y una cuchara de albañil en la otra, Nehemías dirigió la reconstrucción de la muralla de piedra.

Sus enemigos amenazaron con decirle al rey persa que él era un traidor que planeaba una rebelión. «Le diremos que el pueblo afirma: "¡Hay un rey en Judá!"», lo amenazaron.

Pero Nehemías no se dejó intimidar. Después de todo, conocía personalmente al rey de Persia. El monarca sabía que él era un hombre honesto. Así que la obra siguió adelante según lo previsto. El pueblo se ofreció para trabajar, llevó ofrendas e hizo colectas para completar la tarea.

La visión de una persona llevó a toda una nación a actuar. Jerusalén volvería a ser una ciudad viable con esperanza y futuro. Y la promesa seguiría viva durante 400 años más.

Lee la genealogía de Jesucristo en Mateo 1:12, y descubrirás a Zorobabel, hijo de Salatiel. Es el mismo que guió a los judíos a regresar y reconstruir el templo 75 años antes de que Nehemías llegara a reconstruir la muralla de Jerusalén (comp. Esdras 5:2 y Hageo 2:23).

En la persona de Zorobabel, la semilla mesiánica regresó a la tierra prometida. Otra vez, se preparó el camino para la venida del Mesías y el cumplimiento de la promesa. Dios usó a un hombre llamado Nehemías para asegurar la ciudad para la llegada de su Rey.

Éxito en el trabajo

El liderazgo de Nehemías refleja las características esenciales de todo gran líder. Veía una necesidad y la suplía. Se enfrentaba a un problema y lo resolvía. Divisaba el futuro y lo alcanzaba. Eso es visión.

Para tener éxito en cualquier emprendimiento, son necesarios los elementos básicos del liderazgo:

1. *Compromiso*. Nehemías arriesgó su posición, su reputación, e incluso su vida para completar la tarea. Cuando llegó a Jerusalén, habló con tal compromiso que el pueblo lo siguió gustoso.

2. *Motivación*. Nehemías podía motivar a los demás a actuar. Se pusieron a trabajar porque Nehemías los convenció de que era la voluntad de Dios. Por lo tanto, el Señor los ayudaría.

3. *Trabajo en equipo*. Nehemías sabía que no podía lograrlo solo. Así que formó un equipo de líderes,

ayudantes y sirvientes. Juntos, completaron la tarea en tiempo récord. Cada uno se hizo responsable de una parte de la carga de trabajo. Y todos sintieron una satisfacción común al ver el trabajo bien hecho.

4. *Decisión.* En cada momento del proceso, Nehemías demostró decisión. Sabía lo que hacía falta hacer, así que tomó las decisiones necesarias para lograrlo. No dudó ni vaciló jamás. Marchó adelante, y el pueblo lo siguió.

5. *Objetivos.* Nehemías no dejó que lo disuadieran de su objetivo principal. Estaba decidido a construir la muralla. Así que no permitió que sus enemigos y críticos lo distrajeran.

6. *Logros.* Los verdaderos líderes obtienen una gran satisfacción al lograr sus objetivos. Les encanta el desafío de la tarea, el proceso del trabajo y las recompensas de algo bien hecho.

7. *Celebración.* Los buenos líderes celebran el éxito de los demás. No son celosos ni envidiosos del éxito ajeno. Comprenden que todos compartimos el éxito del otro. Eso mejora a cualquier equipo.

Avivamiento nacional

Cuando se completó la tarea, Nehemías reunió a los israelitas en una asamblea nacional, en la plaza frente a la puerta del Agua (Neh. 8:1). Quería que fuera una celebración nacional por las bendiciones de Dios sobre Su pueblo.

«Coman bien, tomen bebidas dulces», les pidió, y que celebraran «felices» (Neh. 8:10,12).

Nehemías comprendía el valor de celebrar y conmemorar el éxito colectivo. Quería que ese momento pasara a la historia como un tiempo de gran bendición. «El gozo del Señor es nuestra fortaleza», anunció (Neh. 8:10).

Cuando Esdras trajo el Libro de la Ley y lo leyó en la

asamblea, el pueblo comenzó a llorar y sollozar. Tuvieron convicción de pecado y se arrepintieron ante el Señor. Mientras Esdras leía la Ley y adoraba a Dios, el pueblo gritaba: «¡Amén y amén!». Entonces, se postraron y adoraron al Señor (Neh. 8:6).

Luego de siete días de celebración, el pueblo tuvo una asamblea solemne. Todo el proceso fue una celebración de la fiesta de los tabernáculos, que conmemoraba el éxodo y su travesía por el desierto. Ahora, gracias al liderazgo de Nehemías, celebraban un nuevo comienzo en la tierra prometida.

El último día de la fiesta, los israelitas se reunieron vestidos de luto y se consagraron al Señor (Neh. 9:1). En forma colectiva, confesaron sus pecados como nación y renovaron el pacto con Dios; y luego firmaron el convenio. El pueblo, los sacerdotes, los levitas, los líderes, los cantantes, los guardias y los siervos del templo: todos firmaron. Y la nación de Judá renació.

El avivamiento bajo Esdras y Nehemías preparó el camino para los próximos 400 años. Con las reformas de Nehemías y la profecía final de Malaquías, el canon del Antiguo Testamento llegó a su fin. Cuatrocientos «años de silencio» seguirían, sin revelación nueva de parte de Dios. El Antiguo Testamento concluye, dejándonos con la expectativa del cumplimiento futuro de la promesa.

Malaquías, el último profeta, escribió: «Yo estoy por enviar a mi mensajero para que prepare el camino delante de mí. De pronto vendrá a su templo el Señor a quien ustedes buscan; vendrá el mensajero del pacto, en quien ustedes se complacen» (Mal. 3:1).

Aquél que prometió no olvidaría la promesa. La mantendría viva en el corazón de Su pueblo hasta que llegara la hora. Entonces, vendría: el Mesías, el que habían deseado tanto tiempo. Vendría en persona y cumpliría todas las promesas de Dios.

Cuando el Antiguo Testamento llega a su fin, nos quedamos sobre el monte del templo, mirando hacia la distancia. Observamos el corredor del tiempo, por el cañón de la eternidad. Allí en el horizonte, vemos a un joven abriéndose paso desde Nazaret a Jerusalén. Va al templo con Sus discípulos. Va camino a cumplir la promesa y llamarnos a creer en Él.

Nuestro legado espiritual de hoy se apoya en esos héroes hebreos que se atrevieron a creer en Dios. Nuestra travesía espiritual comienza con esos primeros pasos de fe, que ellos dieron por el largo camino de la gracia divina. Nos dejaron un legado que permanece hasta la actualidad. Que podamos, por gracia de Dios, dejarles a nuestros hijos un legado que también perdure por generaciones.

Para preguntarse

1. ¿Estás satisfecho o desconforme con la obra de toda tu vida?
2. ¿Tienes una influencia positiva sobre los demás?
3. ¿Estás construyendo un legado para el futuro?
4. ¿Cómo puedes motivar a otros a hacer lo mismo?
5. ¿En qué necesitas mejorar como líder?
6. ¿Qué pasos de acción deberías dar para ser un mejor líder?

Para poner en práctica

¿Qué visión tengo para el futuro de mi vida y mi familia?

_____

_____

_____

Reflexión final

Lo que dejes atrás les comunicará a los demás quién eras en verdad.

—ED HINDSON

Epílogo

La vida es un peregrinaje. Es un proceso de crecimiento, y no hay atajos para alcanzar la madurez. Solo se puede llegar allí caminando por el sendero escarpado de la vida, sin importar qué obstáculos encuentres. Cada paso es una oportunidad determinada por Dios para acercarnos al pináculo del crecimiento y la madurez espiritual.

Podemos estar seguros de que al caminar por el sendero de la vida, tenemos en Cristo los recursos para enfrentar cualquier problema que se presente. Estamos dentro de Su amor y Su cuidado. Podemos mirar más allá de lo temporal y avanzar hacia lo eterno. No tenemos por qué dejar que nuestros fracasos nos venzan, porque Cristo ya aseguró nuestra victoria.

No importa cuáles sean tus problemas; su importancia palidece a la luz de la eternidad. No importa cuán grandes sean tus fracasos, porque la gracia de Dios es aun mayor.

Anima el corazón y enfrenta la vida sin rodeos. No evites los problemas; aborda cada uno en forma directa, sabiendo que Dios te ayudará a vencer. Cuanto mayor sea el problema, mayor será Su gracia.

Recuerda, nadie tiene un éxito completo todo el tiempo. Cuando todo va bien, tenemos que levantar a los caídos, para que puedan ayudarnos cuando nosotros nos caigamos. De eso se trata la familia de Dios. Cada uno ministra a otro. No solo podemos aprender de nuestros propios errores, sino que también podemos compartir con otros cómo superarlos. Y podemos recibir aliento cuando los demás nos comunican sus experiencias.

¡Nunca te rindas! Es imposible ganar la carrera en la primera vuelta. La vida es un maratón, no una carrera corta. La última colina siempre parece la más difícil. Hay que seguir corriendo hasta llegar a la meta. Tómalo con calma, y prepárate para los desvíos y los momentos problemáticos. Cuando lleguen, no abandones la carrera. Recuerda, cuando la tormenta arrecia, los recios siguen adelante.

Dios comprende tus luchas. Diseñó los escollos para fortalecerte y madurarte para la última vuelta. Además, sabe cuánto puedes soportar. El desafío nunca será más pesado de lo que puedes cargar.

Y cuando termine la carrera y llegues a la meta, podrás decir junto con el apóstol Pablo: «He peleado la buena batalla, he terminado la carrera, me he mantenido en la fe» (2 Tim. 4:7).

Mientras tanto, corre la carrera con la meta a la vista:

1. *Enfrenta la realidad.* Admite tus luchas y tus debilidades. No hagas como si todo estuviera bien cuando en realidad hay que mejorar. La negación puede traer un alivio temporal, pero nunca una solución permanente.
2. *Hazte responsable.* Hazte cargo de tu propia vida. Nadie más puede resolver tus problemas por ti. Es

algo que tienes que hacer con la ayuda de Dios. Confronta los problemas con sinceridad y corrígelos.

3. *Haz lo correcto.* Hay una manera correcta y otra incorrecta de manejar cada situación en la vida. ¡Encuentra la manera adecuada de hacerlo! La Palabra de Dios te guiará a la verdad.

Recuerda que somos «los hijos de la promesa» (Rom. 9:8). Somos los receptores de un gran legado espiritual. Otros ya nos prepararon el camino. Y una «gran nube de testigos» (Heb. 12:1, LBLA) nos alienta a la victoria desde las gradas celestiales.

El que prometió le ha dado a nuestra generación la oportunidad de poner en práctica Sus promesas en vida. En este libro, hemos visto cómo podemos beneficiarnos de las lecciones del pasado. Pero tenemos que tomar la posta y correr nosotros, si queremos impactar a nuestra familia, nuestro negocio, nuestra iglesia y nuestra comunidad.

Ha llegado el momento de que los hombres y las mujeres de hoy respondan al llamado de Dios para sus vidas. Es una época que exige una fe valiente y firmeza espiritual. Es hora de defender lo que creemos y reclamar esta generación para Dios.

Aquél que promete llama a los que crean en Sus promesas; personas que den un paso de fe y vivan para Él, que se coloquen en manos de Dios; hombres y mujeres que se rindan a Él y a Sus propósitos.

Estos son los de *fe valiente.* No son personas comunes y corrientes. Son hombres y mujeres de fe, compromiso y acción. Son los que están dispuestos a enfrentar los desafíos de la vida y permanecer victoriosos.

¿Serás uno de ellos?

El Dr. **Ed Hindson** es rector asistente, profesor de religión y decano del Instituto de estudios bíblicos en la universidad *Liberty University* de Lynchburg, Virginia. También es el predicador del programa de televisión *The King Is Coming* [El Rey viene] y presidente del ministerio profético *World Prophetic Ministry* en Colton, California.

Ha escrito más de 30 libros, incluyendo su éxito de librería, *Revelation*, un comentario sobre Apocalipsis (AMG Publishers). También ha trabajado como editor general de la premiada Biblia de estudio *Knowing Jesus Study Bible*, de la Biblia de estudio *King James Study Bible*, y la Biblia *Soul Care*; y fue uno de los traductores de la Biblia *New King James Version*. Fue editor adjunto de la Biblia de estudio *Tim LaHaye Prophecy Study Bible* [Biblia de estudio profética de Tim LaHaye].

El Dr. Hindson es un asociado vitalicio de la *International Biographical Association* [Asociación Biográfica Internacional] de Cambridge, Inglaterra. Tiene títulos otorgados por diversas instituciones: Máster en Humanidades otorgado por el *William Tyndale College*, de *Trinity Evangelical Divinity School*; Máster en teología, de *Grace Theological Seminary*; doctorado en teología, de *Trinity Graduate School*; doctorado en ministerio, del seminario teológico *Theological Seminary Westminster*; doctorado en investigación, de *University of South Africa* [Universidad de Sudáfrica]. Además, realizó estudios de posgrado en *Acadia University* [Universidad de Acadia] en Nueva Escocia, Canadá.

El Dr. Hindson ha sido conferencista invitado en las universidades de Oxford y Harvard, así como en numerosos seminarios evangélicos como el de Dallas, Denver, Trinity, Grace y Westminster. En los últimos 25 años, les ha enseñado a más de 50 000 alumnos. Su sólida formación académica, combinada con un estilo pedagógico dinámico y práctico, comunican la verdad bíblica de manera poderosa y positiva.

Ed y su esposa, Donna, viven en Forest, Virginia. Tienen tres hijos adultos y cinco nietos. Ed y su hija, la Sra. Linda Barrick, conducen el programa televisivo *Lighting the Way* [Iluminando el camino] en el canal *Liberty*.